KB124268

쓰레기로 갈 뻔한
작은 플라스틱이
치약 짜개로
재탄생

우린 믿었어요, 재활용될 거라고.
하지만 실제 재활용률은 30% 미만
세상에 가치 없이 버려지는 것만큼 슬픈 일이 있을까요?
쓰레기에 쓸모와 의미를 찾아줘야겠습니다.
#자원순환 #소비자실천

바다 생물을 위협하는
폐플라스틱이 직조 틀로
재탄생

버리면 **#쓰레기**

쓰레기가 될 뻔한
커피 가루가
화분으로 연필로
재탄생합니다

모으면 #자원

재활용 가치가 높은
우유 팩은 화장지로
재탄생합니다

우리는 쓰레기를 원하지 않아요.
쓰레기를 제대로 알고 잘 배출하는 '소비자 실천'과
기업에 채찍을 가하는 '소비자 행동'이 결합해야
제로 웨이스트에 가까이 갈 수 있습니다.
#플라스틱어택 #소비자행동

#담배꽁초줍깅 후
롤링페이퍼와 함께 꽁초를
담배 회사로 **#꽁초어택**

대형마트 앞에서
상품 과대 포장에
항의하는
#플라스틱어택

#플라스틱컵줍깅 후
일회용 컵 보증금제 부활을 외치다

잠깐! 읽기 전 풀어보는 분리배출 OX 퀴즈

❶ (양면 코팅)일회용 종이컵은 재활용이 가능해서 종이류로 배출한다. ☐

❷ 배달 음식 그릇을 덮은 랩은 비닐류로 배출한다. ☐

❸ 페트병·캔류는 내용물을 비우고 헹군 후 분리배출한다. ☐

❹ 칫솔·볼펜은 플라스틱으로 배출한다. ☐

❺ 택배 상자에 부착된 송장 스티커와 테이프는 뜯어 일반 쓰레기로 버린다. ☐

❻ 종이로 된 감자칩 통, 피자·치킨 상자는 종이로 배출한다. ☐

❼ 과일을 감싼 과일 망과 포장재는 일반 쓰레기로 버린다. ☐

❽ 실리콘 제품은 플라스틱으로 배출한다. ☐

❾ 거울은 유리로 배출한다. ☐

❿ 샴푸가 남은 샴푸 통은 통째로 플라스틱류에 배출한다. ☐

정답

❶ X   ❷ X   ❸ ○   ❹ X   ❺ ○

❻ X   ❼ ○   ❽ X   ❾ X   ❿ X

▷ 정답 8개 이상 : 와우. 분리배출 고수 등장!

▷ 정답 5개 이하 : 책을 읽고 다시 도전!

그건 쓰레기가 아니라고요

그건 쓰레기가 아니라고요

플라스틱부터 음식물까지 한국형 쓰레기 분리배출 안내서

홍수열 지음

들어가며

길거리에 나뒹구는 일회용 컵, 쓰레기로 내놓은 멀쩡한 가구들, 분리수
거함에 쌓인 갖가지 플라스틱과 종이들, 음식물 쓰레기….
땅과 바다가 쓰레기로 뒤덮일 지경입니다. 이렇게 무분별한 소비가 지
속된다면 지구가 언제까지 견딜 수 있을까요?
우리는 그동안 손쉽게 쓰레기를 버려왔습니다. 눈에 안 보이니 모두 잘
처리됐거니 믿었죠, 2018년 쓰레기 대란 소동이 일어나기 전까지는.

쓰레기는 사라지지 않았다

다만 감춰져 있을 뿐

이제 쓰레기는 무조건 줄여야 합니다. 매립장도 소각장도 이미 포화 상

태에 이르렀고, 무한정 시설을 늘릴 수도 없습니다. 좁은 땅덩이에 쓰레기가 넘치는데 아무도 쓰레기를 반기지 않으니 머지않아 우리 집 앞에 쓰레기 동산이 생길지도 모릅니다. 이대로 가면 쓰레기 대란 공포에 반복적으로 시달려야 할 텐데요.

소비 방식의 변화가 필요합니다. 지금과 같은 자원 소비와 쓰레기 배출 방식은 오래 가지 못해요. 앞으로 얼마나 많은 '그레타 툰베리'들이 나와서 우리를 혼낼까요. 지구를 왜 이렇게 망가뜨려 놓았냐고 미래세대에게 타박 듣지 않으려면 지금부터라도 제대로 배우고 열심히 실천하고 행동해야 합니다.

인간이 변하지 않으니 기후가 변해서 인간을 지구에서 퇴출하려고 하잖아요. 익숙했던 생활방식을 바꿀 때가 온 겁니다. 어차피 쓰레기 없이 살 수 없다면, 줄이고 재사용하고 재활용함으로써 자원으로 돌고 도는 구조를 만들어야 앞으로 닥칠 쓰레기 대란에서 벗어날 수 있습니다.

소비자 실천을 넘어
소비자 행동으로

쓰레기 문제를 어떻게 해결해야 할까요? 우선 '나'부터 잘해야 합니다. 바로 이 지점에서 소비자 실천이 필요한데요. 물건은 오래 쓰고, 어쩔 수 없이 버려야 할 땐 아름다운 이별을 하는 거죠.

분리배출한다고 모두 재활용되진 않습니다. 제대로 잘 배출해야 되살아날 수 있어요. 쓰레기 버리는 법도 배워야 합니다. 물건을 소비하며 느낀 즐거움에 책임을 져야죠. 제대로 잘 버리는 일은 소비자만이 할 수 있어요. 누가 대신할 수 없습니다.

다만 혼자 잘하는 것만으로 문제가 해결되지 않아요. 현 상태에서 개개인이 아무리 노력해도 쓰레기가 줄어드는 양은 미미하고, 재활용률은 50%를 넘기기 어렵습니다.

핵심은 기업입니다. 기업들이 바뀌지 않으면 쓰레기 문제는 꿈쩍도 하지 않아요. 생산단계에서 포장재를 줄이고 재활용이 잘 되는 물건을 만들어야 하는데요.

기업을 변화시키려면 소비자가 매의 눈으로 감시해야 합니다. 분리배출 표시만으로 마치 재활용될 것처럼 슬쩍 넘어가는 그들에게 회초리를 들어야죠.

온라인 커뮤니케이션이 발달한 지금은 소비자가 할 수 있는 일이 꽤 많습니다. 기업에 메일을 보내거나 홈페이지에 항의하는 방법으로 의견을 낼 수 있고, SNS에 사례를 올려 널리 알리거나 불매운동을 이끄는 것도 일상적으로 할 수 있는 실천이죠. 함께 마트로 몰려가 과대포장에 항의하는 '플라스틱 어택' 같은 적극적인 소비자 저항도 필요합니다. 소비자 한 사람이 생각과 행동을 바꾸면 경제와 사회 구조도 차차 변화할 테니까요. 변해야 우리 모두 살 수 있습니다.

쓰레기 문제는 인간과 물질 간의 관계뿐만 아니라 사람과 사람 사이에서도 발생해요. 무한 경쟁의 시대에서 물질로 자신을 돋보이게 하려는 과시적 소비가 판을 치고 있는데요. 우리에겐 포용과 연대, 공감의 따뜻한 가치가 흐르는 사회가 더 중요합니다. 쓰레기 문제가 단순히 쓰레기에 그치지 않는 이유입니다.

쓰레기 연대를
꿈꾸며

대학원에서 쓰레기 문제를 체계적으로 공부하고 현장을 알고 싶어 활동가의 길을 택했습니다. 쓰레기와 씨름하며 보낸 시간이 벌써 20년이 흘렀네요. 2018년 폐비닐 대란 사태 이후로는 여기저기 불려 다니며 바쁜 나날을 보내고 있습니다.

쓰레기에 대한 시민들의 관심이 폭발적으로 늘어 반갑지만, 한편 잘못된 쓰레기 정보가 돌아다녀 속상하기도 한데요. 쓰레기를 어떻게 내놓아야 하는지 버리는 이의 눈높이에서 쉽게 이해할 수 있는 한국형 분리배출 정보가 절실하다고 느꼈죠.

서둘러 서울환경운동연합과 함께 쓰레기 분리배출에 관한 의문을 풀어주는 동영상 채널 **도와줘요 쓰레기박사!**를 시작했습니다. 단순히 어떤 쓰레기를 어떻게 버리는지 알려줄 뿐인데도 반응이 무척 뜨거웠어요. 꼬리를 무는 댓글을 보면 분리배출과 재활용 문제에 얼마나 관심이 대단한지 가슴이 찡하더군요.

서로 문제의식을 나누다 보니 이렇게 책으로 이어지게 되었습니다. 쓰레기에 관한 기본 개념부터 처리 과정, 품목별 분리배출 방법까지 청소년도 쉽게 이해할 수 있도록 열심히 썼어요.

제 오랜 경험과 고민이 녹아 있는 이 책이 제로 웨이스트를 고민하는 분들에게 많은 도움이 되기를 바랍니다. 더 궁금한 점이 있으면 언제든지 쓰레기 박사를 찾아 주세요.

· 본문 일부 용어의 표기 및 띄어쓰기는 저자의 기준에 따랐습니다.

차 례

당신의 분리배출은 틀렸다_제대로 버려야 재활용된다

Part.1

쓰레기를 알자

분리수거함 가기 전 알아야 할 것들

"안녕하세요. 쓰레기를 연구하고 있는 쓰레기 강사 홍수열입니다."

강연에서 이렇게 소개하면 다들 웃습니다. 아마 '쓰레기'라는 말이 주는 유쾌하지 못한 뉘앙스 때문이겠죠.

쓰레기 하면 죄다 부정적인 이미지만 떠오릅니다. 상대방을 욕할 때도 서로 쓰레기라고 하잖아요. 쓰레기란 단어와 엮이면 왜 이렇게 이미지가 좋지 않은 걸까요?

쓰레기 문제를 해결하기 위해선 이런 부정적인 이미지에서 탈피해야 합니다. 세상에 가치 없이 버려지는 것만큼 슬픈 건 없으니까요. 쓰레기에게 쓸모와 의미를 찾아줘야 합니다.

뉴욕에서 활동하는 저스틴 지냑Justin Gignac이라는 예술가가 있습니다. 그는 거리에서 주운 쓰레기를 상자에 담아 '뉴욕쓰레기NYC Garbage'란 이름으로 판매했는데요. 버려진 쓰레기를 모아 의미 있는 관광 상품으로 살린 겁니다. 오바마 대통령 취임식에서 나온 쓰레기로는 한정판 상품을 만들어 팔기도 했고요. 꽤 비싼 가격이었는데 완판했다고 합니다.

어떤가요. 관점의 전환만으로도 쓸모없음의 경계와 의미가 허물어지지 않나요? 쓰레기의 쓸모를 잘 알면 길바닥에서 쓰레기를 치우는 게 아니라 '머니'를 쓸어 담을 수도 있죠.

"어떻게 버려야 하나?" "왜 그렇게 버려야 하나?"

많은 분들이 묻습니다. 저는 전자보다도 후자의 질문이 더 중요하다고 생각합니다. 이렇게 버리라고 무작정 강요하는 시대가 아니잖아요. 그런다고 잘 지켜질 것도 아니고요. 또 집집에서 쏟아 내는 엄청난 쓰레기 종류를 일일이 알려주고 외우라고 할 수도 없어요.

강의 때마다 저는 쓰레기가 처리되는 전체 시스템을 설명합니다. 특히 그 안에서 소비자인 개인이 해야 할 적절한 역할을 이야기하죠. 쓰레기 문제는 단박에 해결될 사안이 아니라서 차분히 문제를 인식하고, 경제 시스템과 소비 습관 전체를 바꾸기 위한 실천이 필요합니다.

1부에서는 왜 우리가 분리배출을 제대로 해야 하는지, 우리가 버린 쓰레기는 어떻게 되는지 알아보려고 합니다. 이해하면 실천하기 쉬워지니까요. 그럼 이야기를 시작해 볼까요.

왜 그렇게
버려야 할까?

#쓰레기 #분리수거 #분리배출 #제로웨이스트
#자원순환 #3R #5R #재사용 #재활용 #새활용
#소비자실천 #업사이클링 #프리사이클링 #리사이클링
#소비자행동 #플라스틱어택

<u>1</u>　'분리수거' 하면 그냥 음식물 쓰레기와
재활용품, 이렇게 쉽게 생각했거든요.
쓰레기 대란이 터지고 나서야 문제가 간
단치 않다는 걸 알게 되었어요. 그동안
해온 분리수거 방식은 괜찮은 걸까요?

지금껏 해온 방식을 알아보기 전에 먼저 우리가 무심코 쓰던 말을 짚어
볼 필요가 있어요. 잘못된 용어 사용이 우리 역할을 헷갈리게 만드니까
요. 분리수거는 배출하는 사람 입장에선 잘못된 표현입니다.
우리가 재활용품을 내놓으면 각 지방자치단체(이하 '지자체'로 줄임)가 수
거해 갑니다. 주민은 분리배출을, 지자체는 분리수거를 하는 거죠. 각자
맡은 역할을 잘하도록 용어를 정확하게 구분해야 합니다.

분리배출은 왜 해야 할까요? 쓰레기가 잘못된 길로 빠지지 않게 인도하기 위해서입니다. 길 잃은 재활용품이 종량제봉투에 담겨 불에 타거나 땅에 파묻히면 안 되니까요.

재활용품과 일반 쓰레기는 목적지가 다릅니다. 자원으로 재탄생할 재활용품은 종량제봉투에 들어가는 쓰레기보다 훨씬 더 길고 복잡한 여행을 하는데요. 고단한 여행을 즐겁게 하기 위해서는 첫걸음이 중요합니다.

<u>2</u>   **재활용을 잘하면 쓰레기 문제가 해결될까요?**

하는 일 없이 먹고 노는 사람을 식충이라고들 하는데 어쩌면 인간은 지구의 식충이 같은 존재가 아닌가 싶어요. 먹기만 하고 치울 생각은 안 하니까요. 쓰레기를 묻거나 태우면 눈에 안 띄니 잠시 위안은 되겠죠. 하지만 그게 무슨 소용이 있겠어요.

제로 웨이스트 운동이 나날이 퍼지고 있습니다. 제로 웨이스트란 말은 쓰레기를 아예 만들지 말자는 뜻이 아니라 쓰레기 문제를 해결하기 위한 이상적인 목표를 제시한 겁니다.

어떻게 하면 제로 웨이스트에 가까워질 수 있을까요. 처음부터 쓰레기가 안 나오면 좋겠지만 불가능한 일이고요. 자원으로 계속 이용하면서 쓰레기로 배출되는 양을 줄여야 합니다. 이 구조를 **순환경제**(혹은 자원순환사회)라고 하는데요.

순환경제는 자원을 버리지 않고 계속 사용하기 때문에 신규 자원의 투입과 쓰레기 배출이 거의 없는 경제를 말합니다. 반면 지금처럼 끊임없이 자원을 채굴해 쓰고, 사용하는 족족 쓰레기를 만드는 시스템은 **선형경제**라고 해요. 다시 말해 물질의 흐름이 자원 투입 ⋯▸ 생산 및 소비 ⋯▸ 쓰레기 배출로 이어지는 형태죠.

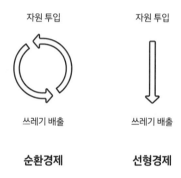

지구 생태계 입장에서 순환경제는 외부에 손 벌리지 않고 자생하는 똑똑이형 경제, 선형경제는 인간이 버리는 것 모두를 처리해야 하는 식충이형 경제인데요. 우리는 똑똑이형 경제로 가야 합니다.

다시 재활용으로 돌아와서, 단순히 재활용 몇 번 한다고 순환경제가 될까요? 몇 번 더 쓰고 다시 쓰레기로 버려지면, 문제가 잠시 늦춰질 뿐입니다.

순환경제로 가기 위해서는 계속 반복해서 재사용·재활용하는 구조를 만들어야 하는데요. 그러려면 재활용 기술이 발전해야 하고, 생산 ⋯▸ 분리배출 ⋯▸ 선별 ⋯▸ 재활용 과정도 변해야 합니다. 쓰레기 문제를 해결하기 위해서는 갈 길이 아주 멉니다.

3 쓰레기 문제 해결을 위한 구체적인 실천법으로 3R이 필요하다는 의견이 많아요. 최근에는 5R까지 등장했는데 알기 쉽게 설명해 주세요.

낯설어하는 분들도 있겠지만, 알고 보면 우리가 많이 쓰는 말입니다. 제로 웨이스트를 위해 꼭 지켜야 할 규칙 **3R**은 쓰레기를 **줄이고**Reduce **재사용**Reuse하고 **재활용**Recycling하자는 단어의 첫 글자를 딴 말인데요. 먼저 쓰레기를 줄이고 물건을 오래 쓰다가 끝내 버려야 할 땐 재활용해서 다시 자원으로 만들자는 뜻입니다.

5R은 최근에 나온 개념으로 사용자에 따라 각자 입맛에 맞는 내용을 붙이는데, 저는 미국의 유명한 쓰레기 제로 운동가 비 존슨의 설명이 제일 마음에 닿습니다. 그의 책《나는 쓰레기 없이 산다》에는 기존의 실천 개념 3R에 거절하기Reject와 썩히기Rot를 더한 5R이 나옵니다.

거절하기는 불필요한 소비를 거부해야 한다는 건데요. 물건을 살 때 일회용 비닐봉지나 종이봉투 혹은 거리에서 나눠주는 전단지를 대부분 그냥 받잖아요. 쓰레기를 줄이기 위해 단호하게 거절할 줄 알아야 한다는 말입니다.

저는 좀 더 넓은 의미로 유행을 거부할 줄 아는 소비로도 해석합니다. 유행에 휩쓸리지 않는 주체적인 소비를 해야 불필요한 소비를 줄일 수 있으니까요. 생각해 보면 소비의 상당 부분은 충동적이죠. 한 다국적 이사업체가 스무 국가의 시민들 대상으로 조사한 결과, 지난 일 년 동안 한 번도 입지 않은 옷이 60%를 넘었다고 합니다.

언제부턴가 신제품 출시 속도를 높여 유행을 가속화하는 패스트패션이 등장했죠. 유행 주기가 빨라지면 새 옷을 계속 사게 되잖아요. 요즘은 한 술 더 떠 2주마다 신제품을 출시하는 울트라 패스트패션까지 나왔습니다. 지구를 단번에 골로 보낼 정신없는 행태죠.

'거부 행위'는 기업의 홍보 마케팅에 현혹되어 소비하는 흐름에 대한 자각인데요. 이 내용은 3R 중 '줄이기'의 실천으로 이해하면 좋겠습니다.

썩히기는 썩는 쓰레기(음식물·머리카락·음식물 묻은 종이·코 묻은 휴지·손발톱 등등)를 직접 퇴비화하는 방법인데요. 미국이나 유럽처럼 정원이 있는 집에서야 가능하지만 아파트 생활자가 반 이상인 한국의 대도시에선 쉽지 않죠.

물론 도시 한복판에 살면서도 꿋꿋이 퇴비를 만드는 열혈 실천가도 더러 봅니다. 묻을 곳만 있다면 시도해 보길 권합니다. 옥상에 퇴비 상자를 놓고 채소나 과일 껍질로 만든 퇴비를 바로 텃밭에 활용하는 분도 꽤 있더군요.

가정에서 만든 퇴비를 외부에 공급하는 방법도 있습니다. 도시 곳곳에 먹거리를 키우는 도시농부들이 꽤 많거든요. 서울의 한 아파트에서는 퇴비화 기계를 설치해 음식물 쓰레기를 퇴비로 만들어 단지 내 텃밭에 사용하고, 남은 퇴비는 도시농업 공동체에 보냅니다.

방법이 없다며 지레 포기하지 말고 쓰레기가 나오는 곳에서 순환시킬 방법을 찾아야죠. 곳곳에 즐겁고 유쾌한 자원순환 에너지가 넘쳐나면 좋겠습니다.

4 3R을 보면 재사용과 재활용이 구분되잖아요. 그런데 재사용을 재활용이라고 해서 헷갈릴 때가 있어요. 구체적으로 어떻게 다른가요?

조금만 더 생각하면 헷갈리는 말은 아닌데 잘못 사용하는 사람들이 있어 혼란을 주는 것 같습니다. 법에서 조장하는 면도 있고요. 「자원의 절약과 재활용촉진에 관한 법률」을 예로 들어볼게요. 딱딱한 법률 용어가 나오면 골치 아프죠. 간단히 「자원재활용법」이라고 하면 됩니다. 「자원재활용법」에서는 중고 가구나 가전제품을 판매하는 곳을 '재활용센터'로 부르고 있어요. '재사용센터'라고 해야 더 명확할 텐데요. 이렇게 용어를 잘못 사용하는 바람에 혼선이 생기죠.

재사용과 재활용은 명확히 구분해 써야 합니다. 물건을 활용하는 방법이 제각기 다르니까요. 영어로 **리유스**Reuse는 물건이나 부품을 원형 그대로 다시 사용하는 걸 말하고, **리사이클링**Recycling은 물질을 녹여서 원료를 재활용한다는 의미죠.

재사용의 개념을 좀 더 자세히 들여다볼까요. 보통 물건이 필요 없어지면 상태가 멀쩡해도 버리잖아요. 이처럼 쓸만한 물건이 새 주인을 만나 다시 쓰이는 경우가 재사용입니다.

사람들이 중고품을 기피할 것 같지만, 중고 매장 운영자의 말로는 판매율이 꽤 높다고 합니다. 이미 소비자에게 한 번 선택받은 거라 다시 시장에 나오면 팔릴 가능성이 큽니다.

재사용을 세분화하면 **재제조**라는 말도 있어요. 다시 만든다는 뜻인데,

5R   거절하기^{Reject} 줄이기^{Reduce} 재사용하기^{Reuse} 재활용하기^{Recycling} 썩히기^{Rot}

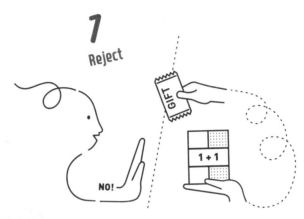

거절하기

처음부터 쓰레기를 만들지 않도록
불필요한 소비를 거절한다.

줄이기

정말 필요한 물건인지 생각하고
불필요한 것은 덜어낸다.

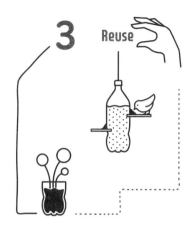

3 Reuse

재사용하기

사용 가능한 것은 최대한 사용해
유효 수명을 늘리고
자원 고갈을 늦춘다.

4 Recycling

재활용하기

재사용이 어려워 쓰레기로
버릴 경우 재활용하여 다시
원료로 사용한다.

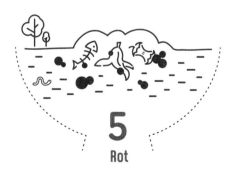

5 Rot

썩히기

분해되어 자연으로
돌아갈 수 있는 것은
썩혀서 퇴비화한다.

원형 그대로 쓰기 어려울 때 제품을 해체해 부품을 손보고 재조립하는 겁니다.

프린터를 볼까요. 잉크 카트리지에서 잉크만 충전해서 쓰면 재사용, 토너 카트리지를 해체해서 깨끗이 청소하고 조립한 뒤 사용하면 재제조입니다.

한편, 물건을 싹 다 뜯어 부수고 녹여 원료로 재생시키는 경우는 **재활용**이라고 합니다. 소주병을 씻어 소주병으로 쓰면 재사용, 녹여서 다시 유리병으로 만들면 재활용하는 거죠.

재사용은 재활용보다 훨씬 친환경적입니다. 재활용보다 우선되어야 하는 이유죠. 따라서 이 둘을 혼용하면 재사용 우선 원칙이 무너집니다. 말이 바로 서지 않으면 실천도 흔들리니까요.

오늘날 쓰레기 문제가 점점 심각해지는 이유는 재사용 문화가 일회용 문화로 바뀌었기 때문인데요. 재사용할 수 있는 유리병이 대부분 일회용 컵이나 페트병, 캔으로 대체되었죠. 페트병이나 알루미늄 캔 음료가 어색하지 않고 심지어 간편하게 느껴집니다. 불과 50년 사이 우리는 이렇게 변해 버렸습니다.

거리에서 일회용 컵으로 음료를 마시는 문화도 얼마 안 되었는데요. 심지어 일회용 컵 두 개를 겹쳐 사용하기까지 하죠. '재활용되니까 괜찮아'하면서 재활용이 오히려 일회용품 사용에 면죄부를 준다고 생각합니다. 그래서 일회용 컵을 거부하고 텀블러를 들고 다니는 **소비자 실천**이 매우 중요합니다. 짧은 시간에 우리 소비문화에서 비주류로 전락해 버린 재사용 문화를 복구하는 출발점이니까요.

요즘은 업사이클링이 유행이잖아요. 자동차 방수천으로 만든 스위스 프라이탁 가방은 명품으로 인지도가 생겼고요. 이런 제품을 보면 재활용 대신 '업사이클링'이란 용어를 사용하는데 재활용과는 다른 뜻인가요?

재활용이란 한 번 사용한 물질을 다시 사용하는 과정인데, 물질은 오랫동안 계속 사용하면 기능이 떨어집니다. 사람도 나이가 들면 몸이 삐걱거리잖아요. 눈이 침침해지고 머리도 빠지기 시작하고요.

물질도 마찬가집니다. 재활용된 재생 원료는 맨 처음 원료보다 기능이 떨어져 가격도 낮아집니다. 이런 재활용은 '가치가 떨어지는 물질의 재활용'이라는 의미로 **다운사이클링**Downcycling이라고 해요.

반면 **업사이클링**Upcycling은 업그레이드upgrade와 리사이클링recycling의 합성어로 제품의 가치를 높인 재활용이라는 뜻이죠. 우리말로는 **새활용**이고요. 업사이클링은 버려진 걸 다시 사용해도 활용도에 따라 원래 물질보다 가치가 높아질 수 있다는 생각에서 출발합니다. 새로운 디자인을 접목해 다른 제품을 만드는 식으로요.

새활용 제품의 종류는 굉장히 다양합니다. 오래된 잡지나 신문지가 고급 가방의 원단으로 변신하기도 하죠. 미국의 한 자연사 박물관 기념품점에선 음료 캔으로 만든 공룡 화석 제품을, 국내 한 온라인 숍에서는 파도에 마모된 유리병 조각으로 만든 액세서리를 볼 수 있는 등 영역도 다양합니다.

이렇게 버려진 물건을 모아 새로운 가치의 숨결을 불어 넣는 업사이클링 작업이 활발해지고 있는데요. 업사이클링은 재활용이 나아가야 할 방향을 잘 제시해줍니다. 재활용이라고 해서 칙칙해질 필요는 없잖아요. 이제 쓰레기라는 주홍 글씨를 벗어던지고 독특하고 우아한 업사이클링의 길로 가야 합니다.

<u>6</u> **쓰레기 제로 매장을 운영하는 분들이 프리사이클링이라는 말도 사용하던데 무슨 의미인가요? 재활용과는 다른가요?**

프리사이클링Precycling은 쓰레기가 안 나오는 소비를 의미합니다. 재활용 이전에 쓰레기를 만들지 말아야 한다는 건데요. 재활용이 의미는 좋으나 사실 이미 배출된 쓰레기를 다시 활용하자는 사후 대처에 불과하죠. 소각이나 매립보단 낫지만 재활용하려면 에너지가 들고 오염물질이 생기니까요. 결국은 쓰레기를 아예 만들지 않는 게 제일 좋은 대응이라고 봅니다.

쓰레기 제로 매장은 포장재를 사용하지 않은 제품만 판매하는 가게를 말하는데요. 이곳에서 프리사이클링이라는 용어를 사용하게 된 계기는 쓰레기 없는 소비는 포장재를 쓰지 않는 매장에서 시작한다고 보기 때문입니다. 여기선 소비자가 장바구니와 빈 용기를 가져가 필요한 만큼 살 수 있습니다. 포장하지 않으니 비닐봉지나 플라스틱 통 같은 쓰레기가 나올 일이 없죠. 쓰레기를 획기적으로 줄일 수 있습니다.

날이 갈수록 포장이 과해지고 있어요. 우리가 산 게 비닐인지 물건인지 헷갈릴 정도입니다. 비닐봉지를 줄이려고 챙긴 장바구니에 오히려 비닐로 가득 차기도 하고요.

쓰레기를 줄이기 위해선 포장 문제를 해결해야 합니다. 기업이 물건을 만들 때부터 포장해 버리면 단숨에 대규모 쓰레기가 발생하고 우리의 소소한 노력이 희미해지니까요.

그래서 **소비자 행동**이 필요해요. 소비자가 직접 기업과 유통업체에 포장을 줄이도록 압력을 가해야 하니까요. 기업이나 유통업체는 소비자 말을 함부로 무시하지 못하거든요.

알고 보면 집에서 나온 비닐 쓰레기는 우리가 싼 똥이 아니에요. 기업과 유통업체의 똥이 가정으로 들어온 거죠. 소비자들은 얌전히 장바구니만 챙기지 말고 아예 그들에게 비닐을 던져주어야 해요. 이런 소비자 행동을 **플라스틱 어택**(Plastic Attack, 플라스틱 포장재 반대 캠페인으로 포장을 줄이라고 요구하는 시민 직접 행동)이라고 합니다.

생각해 보면 억울하잖아요. 생산자가 싼 똥을 우리가 돈까지 내며 치워주고 있으니까요. "니들이 싼 똥은 이제 니들이 치워"라고 항의해야 합니다. 플라스틱 어택은, 기업을 변화시킬 캠페인을 진행하며 쓰레기로 받은 스트레스도 푸는 일석이조의 효과가 있습니다.

플라스틱뿐만 아니라 재활용이 잘 안 되는 유리나 종이도 모두 어택 대상이 될 수 있어요. 기업이 쓰레기 문제 해결에 앞장서도록 다양한 분야에서 '어택'을 기획해야 합니다.

우리가 버린 쓰레기는 어떻게 되나?

#쓰레기분류 #쓰레기수집
#재활용품배출비용 #쓰레기대란
#재활용품선별장 #생산자책임재활용제도
#페트병보증금제 #재활용용이성등급

<u>7</u>   **우린 보통 재활용품, 음식물 쓰레기, 종량제봉투 이렇게 분류해서 버리잖아요. 모두 어떻게 처리되고 있나요?**

우선 종류부터 구분해 볼까요. 가정에서 나오는 쓰레기는 공식 용어로 생활폐기물인데 여기선 그냥 '생활 쓰레기'라고 할게요. 생활 쓰레기는 일반 쓰레기·재활용품·음식물 쓰레기·대형 쓰레기·유해 쓰레기, 이렇게 5가지로 구분하는데요. 종류별로 어떻게 처리되는지 하나하나 살펴보겠습니다.

일반 쓰레기는 불에 태워지거나 땅에 묻힐 운명을 가진 쓰레기입니다. 무엇을 묻고 무엇을 태울지 딱히 정해진 규칙은 없어요. 지자체별로 처리 방식이 다릅니다. 소각장이 있는 지자체는 소각 후 재를 매립하고, 소각장이 없는 지자체는 바로 매립합니다.

재활용품은 선별장에서 품목·재질별로 선별한 후 재활용합니다. 품목별로 재활용 방법이 다른데, 자세한 내용은 뒤에서 다룰게요.

음식물 쓰레기는 사료나 퇴비로 재활용합니다. 많은 분이 재활용이 정말 잘되는지 궁금해하는데 음식물 쓰레기 처리도 뒤에서 자세히 살펴볼 겁니다.

대형 쓰레기는 종량제봉투에 들어갈 수 없는 크기라 '대형'이라는 이름이 붙습니다. 대개 종량제봉투에 넣기 애매하다 싶으면 대형 쓰레기로 보면 되는데(구체적 종류는 지자체 조례로 정함) 별도 수수료를 내고 배출하면 지자체가 수거해서 처리합니다. 대형 쓰레기 처리장으로 보내 사용 가능한 부분만 골라 재활용하고 나머진 소각 또는 매립 하죠.

대형 가전제품이나 가구는 버리기 전에 먼저 공공 재활용센터에 문의해 보세요. 가구를 대형 쓰레기로 배출하면 수집업체가 운반비를 줄이려고 차에 싣기 전에 해체하거든요. 그러면 아예 재사용이 불가능해집니다. 재사용할 수 있는 것도 못 쓰게 되는 거예요.

이런 문제를 방지하려면 대형 쓰레기 수집업체와 공공 재활용센터 운영업체가 하나로 운영되어야 합니다. 그래야 주민들이 대형 쓰레기를 배출하면 중고로 판매할 물건과 재활용 처리할 물품을 구분해서 동시에 처리할 테니까요. 문제는 이런 시스템을 가진 지자체가 거의 없다는 사실입니다.

또 다른 방법은 대형 쓰레기 배출 신고 앱이 활성화되어 재활용센터에 중고품 배출을 앱으로 문의할 수 있는 체계를 갖추는 겁니다. 재사용을 늘리기 위해서 이런 부분은 지자체가 시스템을 개선하면 좋겠어요.

유해 쓰레기는 중금속 등 유해 물질이 들어있어 특별한 관리가 필요한 쓰레기를 말합니다. 「폐기물관리법」에서는 수은이 들어있는 제품이나 안 쓰는 농약과 의약품, 라돈 침대 같은 자연 방사성폐기물 등을 유해 쓰레기로 분류합니다. 수은이 든 대표적인 쓰레기는 형광등과 건전지인데요. 건전지 중에서도 보청기에 쓰는 공기 아연 전지에만 수은이 들어있습니다. 유해 쓰레기는 일반 쓰레기와 별도로 수집해 안전하게 처리해야 하는데, 자세한 방법은 2부에서 살펴보겠습니다.

<u>8</u> **쓰레기를 내놓을 때 아파트는 분리수거 공간이 있어 아무 때나 혹은 특정 시간에 내놓는데, 주택가나 상가 지역은 보통 밤에 내놓으라고 하잖아요. 왜 그 시간에 배출하라는 걸까요?**

지자체 대부분이 밤에 쓰레기를 수거합니다. 주민들이 편한 시간에 쓰레기를 내놓는 아파트도 수거차는 밤이나 새벽에 오죠. 주택가나 상가 지역은 배출과 수거 모두 밤늦은 시간에 합니다. 주민들 편의를 위해서이기도 하고 밤에 수거하면 여러 장점이 있거든요.

우선 낮 동안 쓰레기가 보이지 않아 길이 깨끗합니다. 보기 싫은 쓰레기가 인적이 드문 밤에 흔적도 없이 사라지죠. 게다가 밤에는 교통량이 적으니까 교통체증을 피할 수 있고요. 낮에 큰 쓰레기차가 다니면 사람들이 시끄럽고 지저분하다며 인상을 찡그립니다. 심지어 지자체에 전화해

언성 높여 민원을 넣는 분들도 있다고 합니다.

사실 쓰레기를 밤늦게 수집하는 일은 청소 노동자의 노동 강도를 높이고 안전을 위협합니다. 겨울엔 또 얼마나 추울까요. 더구나 어두컴컴할 때 일하다 보면 교통사고에 노출되는 위험이 큽니다. 특히 새벽엔 과속 차량도 많고요.

주민들 편의와 청소 노동자의 안전 중 우선순위를 정하는 문제에서 우린 늘 주민들 쪽을 택해왔죠. 청소 노동자는 우리 눈에 보이지 않는 존재로 여겼습니다.

다행히 최근 들어 변화가 일고 있는데, 정부의 정책 방향이 쓰레기 수집 시간대를 바꾸는 쪽으로 향하고 있습니다. 청소 노동자를 배려하는 변화인 거죠. 쓰레기를 치우는 노동도 모두가 일하는 낮에 같이 해야 합니다. 밤에만 쓰레기를 치우게 하는 선진 국가는 없어요. 우리 삶은 서로를 배려하고 공존하는 방향으로 나아가야 합니다.

언론 기사를 보면 청소 노동자 연봉이 높다는 내용이 자주 올라옵니다. 대개 '청소하는 사람들이 이렇게나 많이 받아?' 라는 논조를 띠고 있어요. 대부분이 민간 위탁인데 민간업체 노동자의 낮은 연봉은 언급하지 않고 일부 지자체 직영 노동자의 연봉만 봅니다.

설사 많은 돈을 받는다고 해도 이들의 연봉이 높으면 안 되나요? 계절과 관계없이 악취를 맡으며 일해야 하는 열악한 상황, 대형 쓰레기봉투를 맨몸으로 옮기는 고강도 노동, 각종 사고에 노출되는 위험한 작업 환경을 한번 생각해 보세요. 노동에 대한 차별과 멸시를 담은 이런 기사는 우리의 인식을 왜곡합니다.

9 요즘 100ℓ짜리 대형 종량제봉투를 없
애야 한다는 말이 나오던데요. 없어지
면 불편이 커질 것 같기도 해요.

100ℓ짜리 봉투는 쓰레기가 많이 들어가니까 무겁잖아요. 심지어 빌딩 같은 곳에선 봉툿값을 아끼려고 기계로 쓰레기를 꽉꽉 눌러 담기도 하거든요. 실제로 봉투가 돌덩이처럼 무겁습니다. 손으로 직접 잡아 차에 실으려면 얼마나 힘들겠어요. 이 때문에 청소 노동자는 허리 부상 등 근골격계 질환에 자주 노출된다고 합니다.

저는 좀 불편하더라도 100ℓ 종량제봉투는 없애야 한다고 봅니다. 100ℓ짜리는 일상적으로 사용하는 봉투가 아니니 없어져도 가정에서는 큰 문제가 없을 겁니다.

이불처럼 부피가 커서 종량제봉투에 못 넣는 건 대형 쓰레기로 배출하면 돼요. 배출용 스티커를 사야 하는 번거로움 정도는 우리가 충분히 감수할 수 있는 불편입니다.

정부와 지자체는 이 문제를 넓게 봐야 합니다. 청소 노동자의 부상을 막는 취지라면 100ℓ짜리 봉투만 없앤다고 문제가 해결되진 않거든요. 청소 차량의 장비와 구조도 개선해야 합니다.

청소 노동자들이 수거차 뒤편 발판에 매달려 잠깐씩 내리면서 종량제봉투를 수거하는데, 이동하거나 정차 시 발판에서 떨어져 다치는 일이 꽤 있거든요. 또 종량제봉투를 차량에 실은 후 바로 압축하는데 압축기에 신발이 끼어 발가락이 잘린 사례도 있습니다.

환경부는 2018년부터 청소 노동자의 사고를 방지할 수 있도록 구조를 개선하고 안전장치를 부착한 '한국형 청소차'를 개발해 보급하고 있습니다. 하루빨리 예산이 마련되어 이 모델이 확산되기를 바랍니다.

<u>10</u> **장비가 꼭 개선되면 좋겠네요. 그런데 우리가 재활용품을 분리배출하면 진짜 재활용이 되긴 하는 건가요? 열심히 분류해도 수거하는 분들이 한꺼번에 모아서 차에 싣는 걸 보면 과연 재활용되는 걸까 의심이 들어요.**

아파트는 재활용품을 종류별로 마대에 배출하니 이런 의문이 없는데 주택가 재활용품은 한꺼번에 차에 실으니 걱정하는 분들이 많습니다. 결론부터 말하면, 재활용됩니다. 재활용품은 종류를 세분하지 않고 차에 실어도 선별장에서 다시 가려내는 과정을 거치니까요.

선별장에서는 수거해 온 재활용품을 먼저 바닥에 풀어 부피가 큰 종이박스와 스티로폼, 비닐을 골라내고 나머지는 컨베이어벨트로 올려 품목별로 선별합니다.

쉴 새 없이 돌아가는 컨베이어벨트 위로 페트병과 유리 등 선별용 품목이 지나가면 선별하는 분들이 각자 담당하는 품목을 골라냅니다. 페트병 담당자는 페트병을, 유리병 담당자는 유리병을 색깔별로, 플라스틱을 맡은 사람은 플라스틱을 종류별로 가려내죠. 다음 그림을 보면 좀 더 쉽게 이해될 겁니다.

선별장 작업 순서 및 컨베이어벨트 선별

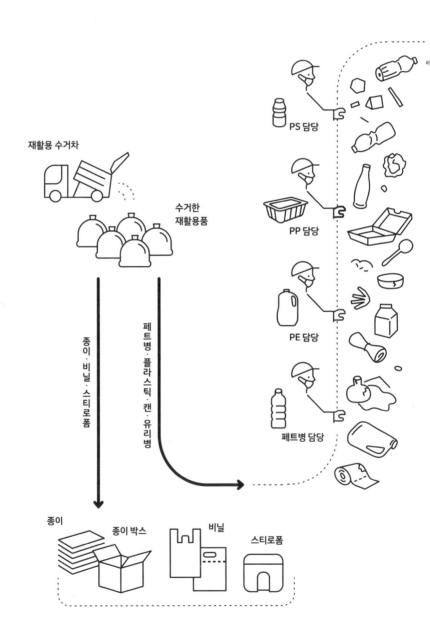

재활용 수거차

수거한
재활용품

종이 · 비닐 · 스티로폼

페트병 · 플라스틱 · 캔 · 유리병

PS 담당

PP 담당

PE 담당

페트병 담당

종이

종이 박스

비닐

스티로폼

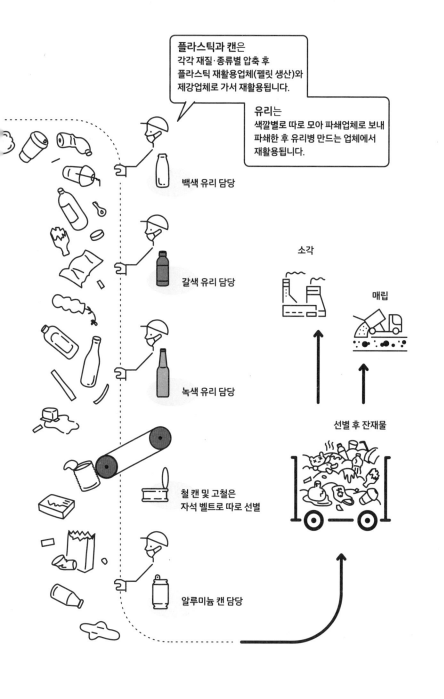

플라스틱과 캔은
각각 재질·종류별 압축 후
플라스틱 재활용업체(펠릿 생산)와
제강업체로 가서 재활용됩니다.

유리는
색깔별로 따로 모아 파쇄업체로 보내
파쇄한 후 유리병 만드는 업체에서
재활용됩니다.

백색 유리 담당

갈색 유리 담당

녹색 유리 담당

철 캔 및 고철은
자석 벨트로 따로 선별

알루미늄 캔 담당

소각

매립

선별 후 잔재물

선별장 작업이 필요하지 않도록 배출할 때부터 종류별로 나눠 실으면 되지 않나 생각할 수도 있는데 말처럼 쉽지 않아요. 우리가 잘 구분해 버려도 놓친 부분이 있을 수 있으니 선별 작업은 반드시 거쳐야 합니다. 시간과 비용 문제도 고려해야 하고요. 주택가 골목길을 돌며 재빨리 재활용품을 실어야 하는데, 종류를 신경 쓰면 작업 시간이 오래 걸리고 비용도 더 드니까요.

그러니 주택가에서 쓰레기를 배출할 땐 선별장 작업이 수월하게끔 굵직한 품목으로 나누는 편이 낫습니다. 종이류는 종이끼리 묶어 내놓고요. 스티로폼은 부피가 크고 선별장에서 녹이는 작업을 거쳐야 하니 따로 묶어서 배출해야 합니다. 비닐도 비닐끼리 모아 비닐봉지에 넣는 게 좋습니다. 음료 투명 페트병도 따로 모아서 배출해야 하고요.

정리하면 종이·스티로폼·비닐봉지·음료 투명 페트병은 각각 나누어 담고, 컨베이어벨트에서 선별하는 음료 투명 페트병 이외 모든 페트병·플라스틱·유리·캔은 투명한 비닐봉지에 함께 넣어(작은 봉지에 따로따로 담으면 선별할 때 봉투를 일일이 뜯어야 해서 작업상 번거로움) 배출하세요.

다만 재활용품을 담는 봉지에 대한 기준이 없어서 문제이긴 합니다. 지자체 대부분이 제한하지 않다 보니 집에 굴러다니는 종이 가방이나 검은 봉투에 담는 등 엉망일 때가 많아요. 재활용품 배출 용기가 제멋대로면 미관상 지저분해 보여 쓰레기를 막 버리게 됩니다. 특히 검은 봉지는 속이 보이지 않아 재활용품을 제대로 배출했는지, 쓰레기를 넣었는지 확인이 어렵죠. 종량제봉투처럼 재활용품 배출용 투명 봉지도 빨리 지정되어야 합니다.

선별된 재활용품은 각각 종류별로 재활용업체에 보내져 다시 쓸 수 있는 원료나 제품으로 태어납니다. 집에서 함께 출발해 선별장에서 흩어져 각자의 길을 찾아가는 거죠. 재활용이 많이 되어야만 소각되거나 매립되는 쓰레기양도 줄고 천연자원의 사용량도 줄일 수 있어요. 분리배출은 재활용 여행의 시작입니다. 기분 좋은 여행이 되려면 분리배출부터 잘해야 합니다.

<u>11</u>　주택가에서는 재활용품을 그냥 가져가는데, 아파트에서는 민간업체가 돈을 지불하고 사 가잖아요. 왜 이런 차이가 있을까요?

재활용품을 분리수거하는 대다수 국가에서 재활용품은 무상 수거가 원칙입니다. 주민들이 처리비를 내지 않고 공짜로 배출하게 하는 거죠. 재활용품을 공짜로 버릴 수 있다니 다들 기꺼이 분리배출 대열에 동참합니다.

수거 비용을 생각하면 주택가 지역은 주민들이 돈을 내는 게 맞습니다. 집집마다 소량으로 배출되는 재활용품을 실어 선별장까지 운반해서 작업하는 데 적잖은 비용이 드니까요.

선별장에서야 품목별로 선별한 페트병 등을 재활용업체에 돈을 받고 팔수 있지만, 그보다 수집과 선별 과정에 들어가는 돈이 훨씬 많거든요. 지자체 입장에선 주머니에서 나가는 돈이 더 많으니까 적자죠. 그러나 주민들이 분리배출을 열심히 하면 재활용으로 얻는 사회적 이익이 훨씬 크기 때문에 지자체는 적자를 감수하면서도 공짜 마케팅을 하는 겁니다. 소각이나 매립 시 발생하는 환경오염의 대가나 천연자원을 채굴해 가공하는 비용 등 눈에 보이지 않는 사회적 비용을 생각하면, 당장은 적자라도 재활용이 훨씬 저렴한 셈이니까요.

그런데 아파트는 상황이 다릅니다. 지정된 장소에 주민들이 재활용품을 내놓잖아요. 이미 품목별로 분류된 상태라 선별 비용도 훨씬 적게 들고요.

즉 아파트에서 재활용품을 가져가는 업체는 재활용품으로 버는 돈이 운반·선별에 드는 비용보다 많습니다. 눈에 보이는 수익이 큰 탓에 민간사업자들이 서로 사려고 해요. 그래서 아파트 재활용품 수집업체는 아파트 관리 사무소에서 매년 입찰을 통해 선정합니다. 그만큼 경쟁력이 있다는 증거죠.

<u>12</u>   2018년 상반기에 아파트 폐비닐 대란이 발생했잖아요. 단독주택 지역은 괜찮았는데 왜 아파트에서 유독 이런 문제가 발생했나요?

당시 재활용품을 수거하던 민간업체가 "폐비닐은 안 가져갈 거야." 하면서 생긴 문젭니다. 업체는 폐비닐을 왜 거부했을까요? 이 상황을 이해하려면 아파트 재활용품 거래의 수익 구조를 좀 더 들여다봐야 합니다.

업체들은 정확히 재활용품 중에서도 폐지와 의류(의류 수거함에 버리는 옷)를 노리는 거예요. 두 품목이 양도 많고 시장에서 거래되는 단가도 제일 높거든요. 아파트 재활용품에서 나오는 수입은 거의 60~80%가 폐지와 의류에서 발생합니다.

캔과 고철은 가격이 높지만 양이 적고, 유리병과 플라스틱은 운반비 정도만 충당하거나 적자가 납니다. 폐비닐은 재활용업체에 돈을 받고 팔수 없어서 무조건 적자 품목이고요. 운반비는 드는데 팔 수가 없으니 수거하면 할수록 적자가 커지는 거죠.

말하자면 아파트 측에서 돈이 되는 폐지와 의류에 돈이 안 되는 비닐을 끼워 판 셈입니다. 민간업체 입장에선 적자만 나는 비닐을 억지로 떠안은 셈이 되고요. 이 구조는 폐지와 의류 가격이 좋을 때만 잘 유지되고 폐지와 의류 가격이 떨어지면 문제가 터질 수밖에 없습니다.

그런데 왜 하필 2018년에 문제가 터졌을까요? 그때부터 중국에서 쓰레기 수입을 금지했거든요. 그동안 우리는 중국으로 쓰레기를 밀어내는 방식으로 재활용을 해왔습니다.

그런데 중국의 쓰레기 수입 금지로 재활용 시장이 휘청하게 된 거죠. 재활용이 잘 된다며 쓰레기 문제를 인식하지 못했는데, 사실은 중국에 의존하는 부실한 토대 위에 있었습니다.

중국은 왜 쓰레기 수입을 금지했을까요? 당시 중국은 '중국몽(中國夢, 시진핑 주석이 과거 중국의 영광을 되살리겠다는 의미로 발표한 중국의 통치 이념)'을 선언한 후 쓰레기 수입을 막기 시작했죠. 그 조치를 영어로 내셔널 소드National Sword, 즉 국경을 지키는 국가의 검이라고 하는데 외부 오염으로부터 국가를 지키겠다는 의지를 드러낸 겁니다.

경제성장을 이룬 중국이 대국으로서 자부심을 내세운 순간 선진국의 쓰레기장으로 전락한 자국의 현실을 받아들이기 힘들어졌을 테니까요. 저는 플라스틱 문제를 고발한 다큐멘터리 <플라스틱 차이나>를 보면서 쓰레기 문제의 참상을 알게 된 그들의 분노가 어땠는지 짐작할 수 있었습니다.

이 조치로 인해 국제 폐지 시장이 큰 영향을 받아 폐지 가격이 폭락했죠. 국내 폐지 가격은 국제 상황과 연동되기 때문에 국제 가격이 떨어지면 같이 내려가거든요. 국내 폐지 압축 업체의 매입 가격 기준으로 폐골판지(폐박스) 가격은 2017년 kg당 130원이었는데, 2018년 78원으로 크게 떨어집니다.

월별 가격 동향을 보면 2017년 최고가가 kg당 140원이 넘었는데 2018년 상반기에는 60원까지 폭락했습니다. 2017년 대비 40% 수준으로 떨어진 셈인데, 당시 국내 폐지 시장이 얼마나 큰 충격을 받았는지 알 수 있습니다.

상황이 그러하니 아파트와 거래하는 민간업체도 수입이 반토막 나면서 "악" 소리가 났겠죠. 수익성이 급격히 떨어지니까 돈 안 되는 폐비닐은 가져가지 않겠다고 선언한 겁니다.

폐비닐 수거 대란은 가정에서 배출되는 재활용품의 수집과 선별을 민간 시장에만 의존한 데 따른 문젠데요. 민간업체에 맡겨두면 재활용 시장이 좋을 땐 효율적으로 작동하지만 반대 상황에선 꼭 문제가 발생합니다. 매일 발생하는 쓰레기를 재활용 시장이 나빠졌다고 안 가져가면 어떻게 될까요.

이 문제를 근본적으로 해결하려면 아파트 재활용품 관리를 민간업체에 전적으로 맡기지 말고 지자체가 적극적으로 개입해야 합니다. 2020년도 폐지 가격은 2018년보다 떨어졌고, 유가 하락과 코로나19 사태로 인한 경기침체로 재활용 시장이 더 어려워졌습니다.

이러다 보니 2018년 쓰레기 대란 사태가 또 재연되는 것 아니냐는 우려도 있고요. 폐지 가격이 내려가고 재활용 시장이 출렁일 때마다 시민들이 가슴을 졸이고 살 순 없습니다. 재활용품에 대한 공공 관리 체계를 조속히 강화해야 합니다.

13   **요즘 들어 쓰레기, 특히 재활용 관련 문제가 나오면 "생산자가 책임을 져야 하는 것 아니냐"는 말을 많이 듣게 되었어요. 생산자들이 책임진다는 말은 무슨 뜻인가요?**

사고가 나면 원인 제공자를 가려 책임을 묻는 게 상식이죠. 이전에는 쓰레기는 당연히 버린 사람이 책임져야 한다고 생각했습니다. 이것을 '배출자 책임 원칙'이라고 하는데 언뜻 맞는 말 같지만 곰곰이 생각하면 꼭 그렇진 않습니다.

소비자가 소비한 쓰레기를 버리는 건 맞아요. 그런데 같은 물건을 소비하더라도 수십 년 전과 비교하면 쓰레기가 훨씬 늘었잖아요. 생산할 때부터 더 많은 자원을 사용하고 포장도 많아지니 일어난 현상이거든요. 이건 소비자만의 문제를 넘어선 일이죠.

음료 용기의 역사를 보면 1950년대까지는 대부분 유리병을 씻어서 재사용했어요. 그러다 1960년대 들어 일회용 유리병과 캔이, 1970년대에 일회용 페트병이 등장하면서 음료를 마시고 빈 용기는 버리는 소비문화가 형성되었습니다.

일회용기 사용으로 쓰레기 발생량이 증가하면서 1980년대부터 미국을 비롯한 선진국에서 재활용품을 수거해서 재활용하는 프로그램이 도입되는데요. 재활용을 통해 쓰레기 문제를 해결할 수 있다고 봤으나 실상 문제는 계속 악화해 왔죠.

시장에선 판매 촉진을 위해 경쟁적으로 점점 더 화려한 용기가 나옵니다. 급기야 캔 모양인데 위아래만 금속이고 몸체는 페트인 용기도 등장하고요. 모양이 세련되고 예쁘니 물건은 잘 팔릴지 몰라도 금속과 페트가 섞인 복합 용기는 재활용이 어려워요.

색깔이 알록달록한 페트병도 자꾸 나옵니다. 병마개를 큼직하게 디자인해 컵으로 사용할 수 있는 제품도 있더군요. 재사용 용기가 일회용기로 바뀌고, 일회용기도 재활용이 잘되는 구조에서 어려운 구조로 악화하는 경로를 밟고 있습니다.

그러다 사고의 전환이 일어납니다. 재활용이 원활해지기 위해선 소비자 책임을 넘어 생산단계부터 변화해야 한다는, 즉 생산자에게 재활용 책임을 부여해야 한다는 움직임인데요. 그렇게 하면 생산단계에서 포장재 사용량을 줄이고 재활용이 잘 되는 제품을 만들려고 노력할 거란 말이죠.

1990년대 초 이런 방안이 나온 이후 많은 나라에서 생산자에게 재활용 책임을 부과하는 제도를 시행하고 있습니다. 이것을 **EPR**(확대된 생산자 책임Extended Producer Responsibility) **제도**라고 합니다.

우리나라에서는 **생산자책임재활용제도**라고 하는데 2003년에 도입되었죠. 분리배출 표시가 있는 페트병, 캔, 유리병은 이 제도가 적용된 제품이란 뜻입니다.

그러나 막상 생산단계에서 단순히 생산자에게 책임을 묻는 것만으로는 생산자를 변화시키는 효과가 생각보다 크지 않았어요. 그래서 최근엔 정부가 좀 더 적극적으로 개입해서 포장재 사용을 줄이고 재질과 디자인을 바꾸도록 규제를 강화하고 있습니다. 2020년부터는 유색 페트병(갈색 맥주 페트병은 2025년부터)과 물에 잘 떨어지지 않는 라벨 접착제 사용을 금지하고 있죠. 관련 규제는 계속 강화될 겁니다.

생산자가 재활용 책임을 이행하는 방법은, 직접 재활용하거나 재활용하는 곳에 돈을 주고 맡기는 방법이 있습니다. 어쨌든 비용이 들 텐데요. 이 돈은 어디서 나올까요? 기업들이 자기네 이윤을 줄여서 돈을 대진 않을 거고요. 소비자들에게 떠넘길 겁니다. 고상한 말로 제품 가격에 포함시켜 소비자에게 전가한다고 합니다.

그러니까 생산자책임재활용제도란, 기업이 소비자로부터 돈을 걷어서 재활용에 필요한 비용을 대는 것으로 정리할 수 있습니다. 소비자들은 제품을 소비하고 재활용품을 공짜로 배출한다고 좋아하지만 알고 보면 물건 살 때 재활용 비용을 이미 낸 거죠.

그렇다면 소비자는 어떻게 해야 할까요? 분리배출 표시가 된 제품은 우리가 비용을 지불했으니 반드시 분리배출을 하고, 분리배출이 잘될 수 있도록 기업에 요구해야 합니다.

14   독일에서는 빈 페트병을 마트에 들고 가
면 오히려 돈을 준다고 하던데, 이것도
생산자가 책임을 지는 건가요?

독일에서 시행하는 **일회용 포장재 강제보증금 제도**인데요. 물건을 팔
때 소비자에게 보증금을 받고 빈 용기를 가져오면 돌려 주는 거죠. 독일
은 생산자가 일회용 페트병·유리병·캔에 각각 0.25유로의 보증금을 의
무적으로 붙여서 판매하도록 하고 있는데, 우리 돈으로 약 300원 정도
됩니다. 천 원짜리 생수 한 병에 보증금이 300원 넘게 붙는다면 마신 후
꼭 마트로 가져가겠죠.

마트에선 업무 부담을 줄이기 위해 자판기를 설치해 소비자들이 빈 병
을 넣고 보증금을 찾아가게 하고 있어요. 이런 제도는 독일뿐만 아니라
덴마크, 스웨덴, 노르웨이, 핀란드 그리고 미국의 일부 주와 캐나다에서
도 시행되고 있는데요. EU에서는 2029년부터 음료 보증금제를 전역으
로 확대하는 방안을 검토하고 있습니다.

15   보증금 제도가 재활용에 도움 된다면
우리나라도 빨리 도입해야 하지 않을
까요?

보증금제는 생산자, 유통업체, 소비자 모두에게 강한 책임을 부여하는
제도인데요. 아마 페트병에 대해서 생산자 책임을 묻는 가장 강력한 제

도일 겁니다. 페트병 보증금 제도의 장점을 볼까요.

먼저 페트병 재활용률을 높이는 효과가 있습니다. 보증금이 높으면 많은 소비자가 빈 페트병을 잘 반납하게 될 겁니다. 길거리에 버리더라도 누군가 주워서 가져올 거고요. 독일에선 홈리스가 페트병을 모으는 모습을 흔히 볼 수 있습니다. 빈 병을 일부러 홈리스에게 기부하는 사람도 있어요. 이러니 거리에 나뒹굴거나 쓰레기통에 그냥 버려지는 페트병을 보기 어려워요. 단, 효과를 보려면 보증금이 페트병 하나당 최소 100원 이상으로 아주 높아야 합니다.

또 하나 장점으로는 보증금제를 통해 빈 페트병을 모으면 깨끗한 병을 모을 수 있다는 겁니다. 재활용품으로 배출되어 선별장에서 선별한 페트병은 수집 및 선별 과정에서 이물질에 오염될 가능성이 높거든요. 우리나라는 페트병 재활용률은 80%이지만 재생 원료의 품질이 좋지 않아 재활용해도 잘 팔리지 않아요. 깨끗한 페트병으로 품질을 높여야 제대로 재활용됩니다.

페트병 보증금제는 페트병 재활용의 양과 질을 높일 수 있지만 당장 도입하기는 쉽지 않습니다. 우리나라에는 소규모 동네 슈퍼나 편의점이 많아서 소비자가 가져온 빈 페트병을 보관하기 어려워요. 보증금 환급기나 수집소 같은 인프라를 구축하려면 비용이 많이 들고요. 그 밖에도 세부적으로 많은 준비가 필요한데요. 이런저런 실험을 하면서 우리나라에 최적화된 모델을 찾아가야 합니다.

16   **'분리배출' 표시가 있으면 다 분리배출**

해도 되나요? 표시가 있어도 재활용이 안 되는 경우가 있던데요.

맞습니다. 분리배출 표시가 있어도 재활용이 어려운 재질이 있고, 선별장에서 선별되지 않아 재활용이 안 되는 것도 많습니다. 그렇지만 소비자로선 재활용 여부를 떠나 표시가 있으면 분리배출이 원칙입니다.

분리배출 표시는 소비자가 재활용품을 내놓으면 정부와 생산자가 재활용하겠다는 약속입니다. 생산자책임재활용제도 대상 품목이라는 표시, 즉 소비자가 재활용 비용을 부담했다는 뜻이고요. 그러니 분리배출 표시가 된 물건을 종량제봉투에 버리면 소비자는 쓰레기 처리 비용을 이중으로 부담한 셈이에요.

분리배출 표시가 있는데 재활용이 불가능하다면 정부와 생산자가 책임을 져야 합니다. 시스템을 개선하거나 제품 및 포장재 재질을 바꾸는 노력을 해야죠.

다행히 포장재의 재질·구조 등급 표시 기준이 설정되어 2021년 3월부터 생산자는 **재활용 용이성 등급**을 평가하고 결과를 공개하게 되었습니다. 재활용 용이성 등급은 재활용 최우수·우수·보통·어려움 이렇게 4가지로 나눕니다. (분리배출 표시 위나 아래에 하는 것이 원칙이나 공간이 없다면 라벨에 새겨야 함.)

뚜껑 : HDPE
재활용 우수

랩 : PVC 재활용 어려움

종량제 배출

재활용 용이성 등급

재활용 용이성 등급 평가 결과 재활용을 방해한다는 사실을 포장재에 기재하면 어떤 일이 생길까요? 분리배출 표시만으로 마치 재활용이 될 것처럼 슬그머니 넘어가던 업체들이 발각되어 소비자들의 불매운동으로 이어질 수도 있겠죠. 긴장한 생산자들은 재질 개선에 더욱 힘쓰게 될 겁니다. 다만 재활용 어려움 표시는 재활용이 불가능하다는 표시는 아니기 때문에 종량제 봉투로 버릴 필요는 없습니다.

2022년 1월 1일 부터는 새로운 표시가 추가되었는데요. 분리배출을 하지 말라는 표시죠. 종이팩에 플라스틱 마개 등이 무게 기준을 10% 넘게 사용된 경우, 스티로폼·페트병·플라스틱 용기 등에 금속이나 다른 재질이 코팅된 경우에는 분리배출 금지 표시를 하라는 건데요. 저는 솔직히 잘 이해가 되지 않습니다.

분리배출 하지 말라는 표시를 해야 할 게 아니라, 재활용이 되지 않는 거라면 사용을 금지시켜야 하는 게 아닐까요? 종이팩에 플라스틱 마개 등을 과도하게 사용하는 것을 금지시켜야지 분리배출 금지 표시를 하는 것으로 오히려 사용을 허용해 주는 것일까요? 쉬운 길을 오히려 돌아가는 게 아닐지, 생산자에게 면죄부를 주는 게 아닐지 우려되네요.

쓰레기 소각과 매립,
꼭 필요할까?

#쓰레기산 #매립 #소각 #자원회수시설 #폐기물고형연료
#쓰레기매립장 #쓰레기수출입 #발생원처리원칙

<u>17</u> 수년 전부터 쓰레기 불법투기로 곳곳이 몸살을 앓고 있잖아요. 경북 의성에 산처럼 쌓인 쓰레기가 CNN에 보도되는 바람에 국제적으로 망신을 사기도 했어요. 수도권매립지도 2025년이 되기 전에 꽉 차서 문을 닫을지도 모른다는데, 쓰레기 매립 문제가 그렇게 심각한가요?

우리나라에서 발생하는 쓰레기양은 연간 2억 t 정도(2020년 기준) 되는데, 이 중 87%가 재활용되고 5% 정도가 소각이나 매립됩니다.
재활용률이 87%나 되다니! 놀랄지도 모르겠습니다. 재활용이 이렇게

잘되면 문제없다고 생각하겠지만, 쓰레기는 '양'이 중요합니다. 우리나라는 국토 면적이 좁고 그나마도 다 산이라 쓸 수 있는 땅이 한정되어 있죠. 재활용되지 않는 10% 남짓한 쓰레기조차도 처리하기가 매우 벅찹니다. 게다가 자꾸 개발이 진행되어 쓸 수 있는 땅은 점점 줄어드는데 쓰레기양은 계속 늘어나 앞으로도 힘들어질 겁니다.

단위 면적당 쓰레기 발생량은 우리나라가 세계 최고 수준인데요. 미국과 비교하면 7배나 많아요. 이런 상황을 생각하면, 다른 나라는 재활용을 잘 하지 않는데 왜 우리나라만 유난이냐고 할 문제가 아닙니다. 쓰레기 처리할 곳을 찾지 못하면 그 피해는 고스란히 우리가 뒤집어써야 하니까요.

한때 의성 쓰레기 산을 비롯해 전국에 120만 t의 쓰레기가 쌓여 있어 치우느라 애를 먹었죠. 120만 t은 1년간 발생하는 쓰레기의 0.7%입니다. 1% 미만의 잘못 버려진 쓰레기만으로도 쓰레기 대란이라면서 난리가 나는 거죠.

쓰레기가 100% 재활용된다면야 더할 나위 없이 좋겠지만 당분간은 불가능합니다. 그래서 불가피하게 소각이나 매립을 해야 돼요. 쓰레기양이 늘어나는 만큼 쓰레기 처리시설을 설치해야 하는데 주민들이 싫어하는 바람에 진행이 어렵습니다. 우리나라는 땅이 좁아서 이 문제가 더 심각하죠. 쓰레기 대란이 온다는 말은 괜한 위협이 아닙니다.

일단 재활용이 불가능한 쓰레기를 처리해야 하니 어떻게든 처리시설은 늘려야 합니다. 그런데 주민들과 갈등하며 어느 세월에 시설을 늘리겠어요. 끝없는 소모전을 하는 거죠. 하루라도 빨리 전체 구조를 싹 뜯어고쳐서 쓰레기를 줄이고, 전량 재활용하는 순환경제 구조로 바꿔야 합니다.

이미 발생한 쓰레기를 소각하거나 매립할 수밖에 없다면, 둘 중 어느 쪽이 나은 방법이에요?

엄마가 좋아요 아빠가 좋아요? 어릴 때 이런 질문 많이 받았죠. 제 딸은 용돈을 줄 때는 아빠가 좋다고 하더군요. 소각이 좋은지 매립이 좋은지는 이렇게 기분에 따라 답할 문제는 아닙니다. 이 질문은 둘 중 어느 쪽이 나쁘냐고 묻는 게 더 정확합니다. 특히 나쁜 것과 덜 나쁜 것을 구분해서 가장 나쁜 처리 방법을 피해야 해요. 그러자면 우선 소각과 매립에 대한 기본 개념을 이해해야 합니다.

소각은 쓰레기를 태우는 건데 태운 후 남은 재를 매립해야 처리가 끝납니다. 그래서 소각을 '쓰레기 중간처리'라고 합니다.

매립은 쓰레기를 바로 땅에 묻는 방법입니다. (전문용어로 '직매립'이라고 함.) 땅에 묻어 인간 사회에서 격리하는 거죠. 그렇게 하면 우선은 눈에 보이지도 않고 냄새도 차단되며 벌레도 꼬이지 않아 쓰레기로 인한 위생 문제가 없어 보입니다.

이처럼 쓰레기가 나오는 족족 묻어버리면 겉으론 별문제 없어 보이지만 사실 심각한 문제가 발생합니다. 매립은 쓰레기 처리를 위해 땅을 소비하니까요. 쓰레기를 묻을수록 땅은 줄어듭니다. 땅에 묻는다고 끝이 아니거든요. 짧게는 수십 년, 길게는 백 년 이상 땅속 쓰레기가 사라질 때까지 계속 관리해 줘야 합니다. 소각보다 매립을 나쁜 처리 방법으로 꼽는 이유죠. 우리나라처럼 땅이 부족한 국가는 한 번 만든 매립지를 최대한 아껴서 오래 사용해야 해요. 그래서 수도권 지역은 2026년부터, 그

외 지역은 2030년부터 종량제 봉투 매립을 법으로 금지합니다.

<blockquote>
<u>19</u> **쓰레기를 태우면 부피가 줄어서 양을 줄이는 효과야 있겠지만, 태우는 과정에서 몸에 좋지 않은 가스가 나온다고 들었어요. 미세먼지도 걱정되고요.**
</blockquote>

맞아요. 쓰레기를 태우면 소각재만 묻으면 되니 부피를 줄일 수 있는 반면 공기 중에 유해 물질이 배출되는 문제가 발생합니다. 그래서 매립보다 소각이 낫다는 말은 쓰레기를 태울 때 나오는 물질이 소각장 주변에 사는 주민들에게 나쁜 영향을 끼치지 않는 상황을 전제로 합니다. 소각장 인근 주민이 오염물질로 인해 건강을 위협받는다면 설치하지 말아야죠.

쓰레기를 태우는 방법은 여러 가지 있습니다. 제일 안 좋은 방식은 무작정 쓰레기를 모아놓고 불을 지르는 건데, 흔히 '노천 소각'이라는 불법 소각입니다. 쓰레기가 타면서 나오는 오염물질이 그대로 공기 중에 흩어지거든요. 농촌지역이나 소규모 공장 또는 건설 현장에서 쓰레기를 불법 소각하면 미세먼지를 포함해 심각한 환경오염을 일으킵니다. 차라리 제대로 된 매립지에 묻는 편이 훨씬 낫습니다.

쓰레기 소각시설은 반드시 유해 물질이 새어나가지 않게 방지 장치를 두어야 합니다. 그러려면 우선 쓰레기가 '잘' 타야 하거든요. 쓰레기를 드럼통 같은 데서 태우면 시꺼먼 연기가 나죠. 쓰레기가 제대로 타지 않을 때 나타나는 현상인데 전문용어로 불완전 연소라고 합니다. 쓰레기는 고온 조건에서 공기가 잘 돌아야 완전히 연소하는데, 낮은 온도에서 불이 붙으면 불완전연소가 됩니다. 그래서 소각로는 쓰레기가 완전연소에 이르도록 800℃ 이상의 높은 온도와 충분한 공기가 있는 시설을 갖춰야 합니다.

사실 어떻게 태워도 오염물질은 나오거든요. 다이옥신을 비롯한 여러 중금속과 화학물질이 배출됩니다. 현대식 소각시설은 먼지를 걸러내고 약품을 뿌려 독성을 중화시키는 시설을 이중 삼중으로 설치하여 오염물질이 밖으로 나가는 경로를 막습니다.

주민들은 보통 오염물질이 그대로 굴뚝 밖으로 흘러나온다고 생각하는데, 오염방지시설을 거친 후의 오염물질이 어느 정도인지 평가해야 합니다. 방지시설이 있다면 수십만 분의 일 수준으로 농도가 떨어지거든요. 간혹 소각로 굴뚝에서 나오는 흰 연기도 오염물질로 오해받는데, 뜨거운 공기가 나가면서 생기는 수증기랍니다.

현대식 소각시설은 오염물질을 막는 장치 외에 쓰레기를 태워 발생한 열을 이용하는 설비도 필수 요건입니다. 이 열을 이용해 주변 지역 아파트에 난방도 공급하고, 발전기를 돌려 전기도 생산해요. 이렇게 열에너지를 쓸 수 있다는 이점 탓에 일각에선 매립보다 소각이 좀 더 나은 방법이라고 주장하는 사람도 있습니다.

20   그래서 쓰레기를 태우는 소각장을 자원
회수시설이라고 하는군요. 이름부터

왠지 긍정적인 느낌이에요.

소각장은 이미지가 별로 좋지 않습니다. 주민들이 집 주변에 들어선다고 하면 결사반대하는 혐오시설 다섯 손가락 안에 드는데요. 이미지 회복을 위해 고심해서 만든 말이 **자원회수시설**입니다. 단순히 오염물질을 내보내는 시설이 아니라, 소각할 때 나오는 열을 아파트 난방열로 공급하고 발전기를 돌려 전기도 생산하는 유익한 시설이란 점을 강조한 말이에요. 지자체가 운영하는 소각시설은 대부분 자원회수시설이란 명칭을 고수하고 있습니다.

이와 유사한 예가 **폐기물고형연료**입니다. 에스알에프SRF라고도 하는데, 쓰레기 중 잘 타는 비닐 등만 따로 골라 파쇄한 거예요. '잘 타도록 선별한 쓰레기'라고 하면 부정적으로 들리잖아요. 그래서 폐기물고형연료라는 이름을 붙여 연료 제품으로 분류합니다. 쓰레기가 아닌 '제품'이란 거죠. 폐기물고형연료를 태워 발전하는 시설을 폐기물고형연료 발전소 혹은 SRF 발전소라고 합니다. 쓰레기 발전소라 하면 주민들이 거부감을 느낄 테니 반대를 줄이기 위해 만든 용어이기도 해요.

그런데 지자체나 정부의 이런 전략이 성공한 것 같진 않습니다. 아무리 좋은 말을 붙여도 주민들은 쓰레기 소각장으로 받아들이니까요. 오염물질이 배출된다는 내용만 본질로 생각하는 거죠.

가끔 회의가 있어 소각장을 가야 할 때가 있습니다. 택시를 타고 "어디어디 자원회수시설로 가주세요." 하면 기사분이 "거기가 어디예요?"라고 물어요. "어디어디 소각장요"라고 하면 바로 알아들으세요. 지자체가 20년 동안 아무리 자원회수시설이란 명칭을 밀어도 효과는 미미한데요. 긍정적인 시선으로 바꾸려는 노력은 좋지만 무엇보다 시설을 안전하게 운영해 신뢰를 얻는 우직한 전략이 더 효과적이라고 봅니다.

21 방지시설을 갖추면 된다지만 어쨌든 쓰레기를 태우면 오염물질이 조금이라도 나오는 거잖아요. 쓰레기를 태워 나오는 에너지를 이용하더라도 처음부터 쓰레기를 줄이고 재활용 기준을 강화해서 아예 소각장이 필요 없는 상황이 되어야 환경에 이롭지 않을까요?

맞습니다. 아무리 소각시설을 잘 짓고 잘 운영한다 해도 오염물질을 아예 막지는 못합니다. 소각시설이 들어서면 주변 환경에 조금이라도 나쁜 영향을 미치게 되죠. 가능한 한 쓰레기를 태우거나 묻지 않는 사회로 가야 합니다.

하지만 당장 현실을 보면 현재 생산 및 소비 구조로는 아무리 노력해도 발생한 쓰레기를 모두 재활용하기란 불가능합니다. 현재 쓰레기 중 가장 많은 양을 차지하는 플라스틱의 재활용률도 30%가 채 되지 않습니다. 근본적인 구조를 개선하지 않으면 현재 기술로는 플라스틱 중 50%까지만 재활용할 수 있다고 하거든요. 우리가 열심히 분리배출해도 당분간은 재활용이 불가능한 쓰레기가 쏟아져 나온다는 의미죠.

이런 포화 상태가 되면 시설의 역할이 꼭 필요합니다. 어떤 처리시설이

든 쓰레기를 그대로 방치하거나 불법으로 땅에 묻는 것보단 낫기 때문인데요. 쓰레기 처리시설을 제때 확보하지 못하면 전국적인 쓰레기불법투기를 막을 수 없을 겁니다.

장기적으로 쓰레기를 줄이고 재활용률을 높이는 노력을 하면서 쓰레기를 잘 처리할 최선의 방법을 찾아야 합니다. 불가피하게 시설을 설치한다면 주변 주민에게 피해 없게 주기적으로 철저한 모니터링을 해야 하고요.

쓰레기 처리시설 설치 및 운영을 둘러싸고 지역사회, 특히 농촌지역에서 발생하는 갈등과 피해를 해결할 노력도 해야 합니다. 갈등이 생기면 결과가 어떻든 후유증이 남거든요. 수십 년 이웃이 원수가 되기도 하고요. 이런 상처를 치유할 수 있는 프로그램도 필요합니다.

매립은 땅에 소각은 하늘에 쓰레기를 버리는 일이라고들 하죠. 쓰레기로 나오는 순간 그 피해는 인간에게 돌아옵니다. 그러니 하루빨리 쓰레기 없는 사회가 되기를, 쓰레기로 인한 피해와 다툼이 없는 세상이 오기를 간절히 바랍니다.

22 소각에 얽힌 문제를 알고 나니 참 복잡하고 어렵네요. 고민할 거리가 많은 것 같아요. 매립 방식도 구체적으로 알고 싶어졌어요. 매립지에서 어떤 일이 일어나는지도 궁금해요.

매립은 가장 오래된 쓰레기 관리 방법입니다. 다만 시대별로 땅에 묻어서 관리하는 방법이 조금씩 달라졌죠. 전문용어로는 '비위생 매립에서 위생 매립으로 발전했다'고 합니다.

쓰레기 관리의 역사를 보면, 동서양을 막론하고 근대 이전에는 도시의 오물을 국가에서 체계적으로 관리하는 시스템이 없었습니다. 오물과 함께 살았죠. 똥오줌은 요강 같은 데 누고 다 차면 창밖에 붓는, 길 가던 사람이 재수 없으면 아침부터 똥 벼락을 맞는 중세도시의 일상이 그려지나요? 이 문제가 심각했던 프랑스 파리는 법까지 만들었다고 합니다. 창문으로 배설물을 붓지 못하게 한 걸까요? 아닙니다. 길에 오물을 쏟기 전 행인에게 알리라는 거였죠. 상황이 이러니 당연히 도시의 위생 상태는 엉망이었고 전염병이 돌기라도 하면 사람들이 마구 죽어 나갔습니다.

조선 시대 한양도 마찬가지였어요. 경작 금지법이 있어 도성 안에서는 비료로 사용하기 어려웠습니다. 밤에는 성문이 닫히기 때문에 똥오줌을 퍼 나를 수도 없었고요. 집에서 나오는 배설물을 마당에 말려 도성 밖으로 가져가 퇴비로 쓰기도 했지만, 일부에 불과했습니다.

조선 후기 도성 인구가 급증하면서 한양도 오물로 인한 위생 문제가 심각해졌다고 합니다. 인구가 밀집된 도시는 동서양을 막론하고 위생 관리가 어려웠던 거죠.

근대에 들어서야 쓰레기를 치우는 시스템이 도입되는데요. 더러워서 못 살겠다! 깨끗하게 좀 살아보자! 이런 의식이 싹튼 거죠. 시스템이 처음 시행된 당시엔 가정에서 발생한 쓰레기를 모아 도시 외곽의 구덩이에 파묻는 수준이었습니다. 쓰레기가 묻히는 장소에서 생기는 오염 문제에 대해서는 아무런 대비가 없었어요. 이런 방식을 비위생 매립이라고 하는데요. 정식으로 오염을 관리하는 시스템은 20세기 이후에야 생깁니다.

쓰레기매립장에서 발생하는 환경문제는 크게 4가지로 냄새, 벌레, 침출수, 매립 가스입니다. 환경오염을 유발하는 주범들이니 철저한 대비가 필요하죠. 이런 문제를 잘 관리할 수 있는 매립장을 위생 매립장이라고 하는데요. 우리나라는 1990년대 전까진 모두 비위생 매립지였고 제대로 된 위생 매립장은 1990년대 초에 만들어집니다.

위생 매립장은 만들 때 침출수가 밖으로 새지 않도록 바닥에 두꺼운 비닐을 깔아요. 침출수가 비닐 위에 고이면 펌프로 퍼 올려 정화 처리 후 방류하고, 매립장 곳곳에 파이프를 박아 안에서 만들어진 가스를 밖으로 빼낸 후 태워버립니다.

매립장에 가면 곳곳에 꽂힌 파이프와 불꽃들을 볼 수 있는데요. 매립가스에 메탄 성분이 많아 태울 수 있는 거죠. 소규모 매립지에서는 그냥 태워서 날려 보냅니다. 반면 수도권매립지나 광역지자체의 대규모 매립지는 매립가스를 모아서 발전기나 버스 연료 등의 에너지로 활용합니다.

23 와, 설명을 들으니 매립장 환경이 눈앞에 그려져요. 쓰레기 문제는 정말 알수록 복잡하고 해결할 문제도 많네요. 지금까지 쓰레기 처리 방식의 종류와 과정을 들어봤는데요. 마지막으로 쓰레기 수출입에 관해 듣고 싶어요. 2018년

우리나라 업체가 필리핀으로 쓰레기를 불법 수출한 게 알려져 충격을 주었죠. 쓰레기가 수출된다는 사실을 처음 알게 된 사람도 많았어요. 이듬해엔 우리나라 시멘트 업체들이 일본의 석탄재 폐기물을 수입해 온 사실이 드러나 논란이 됐고요.

쓰레기 처리는 이동 거리가 짧을수록 좋습니다. 발생한 곳에서 처리해야 한다는 **발생원 처리 원칙**이 기본인데요. 재활용도 마찬가지로 우선 발생한 지역에서 다시 사용하고 재활용해야 합니다.

발생원 처리 원칙은 국가에도 적용되는데요. 쓰레기는 국가 간 이동을 하지 않고 발생한 나라에서 처리해야 합니다. 쓰레기의 이동은 결국 자국의 오염물질을 타국으로 보내는 거잖아요. 상품 수출입처럼 서로 이익을 주고받는 교역이 아닙니다. 쓰레기의 장거리 이동은 피하는 편이 바람직해요.

국가 간 쓰레기 이동의 가장 큰 문제는 잘사는 나라에서 못사는 나라로 오염이 떠넘겨지는 겁니다. 어떤 좋은 명분을 붙여도 책임을 피할 수 없는 문제죠. 가난한 나라는 쓰레기를 처리할 때 나오는 오염물질을 관리할 제도나 기술, 시설이 선진국보다 빈약합니다. 재활용이 목적이라도 선진국의 오염물질을 저개발국가로 보내는 건 정의롭지 못한 행위라고 봅니다.

요즘 가장 큰 논란이 되는 플라스틱 쓰레기를 예로 들어 볼까요. 플라스틱은 고소득 국가에서 저소득 국가로 보내지는 대표적인 쓰레기거든요. 플라스틱을 재활용하려면 이물질 없이 재질별로 잘 선별되어야 하는데 대부분 엉망으로 섞여 있어요.

누가 봐도 저소득 국가의 저렴한 인건비와 약한 환경규제를 이용해 쓰레기를 싸게 처리하려는 꼼수입니다. 쓰레기를 받은 나라에선 재활용을 위한 선별 과정을 거치면서 더 많은 쓰레기를 떠안게 돼요. 대안이 없는 상태로 넘쳐나는 플라스틱을 마구 투기하면 그다음은 어떻게 될까요?

바다로 흘러 들어가죠. 결국, 선진국 사람들이 버린 쓰레기는 바다를 통해 그들에게 되돌아갈 겁니다. 이처럼 재활용을 빙자한 수출이 문제로 떠오르자 2019년 바젤협약이 개정되었습니다.

바젤협약

유해폐기물의 국가 간 이동이나 교역을 규제하는 협약. 2019년 규제대상 폐기물 범위에 재활용이 어려운 혼합 폐플라스틱을 포함시켜, 선진국에서 저개발국가로 선별되지 않은 혼합 폐플라스틱을 수출할 때 수입국의 사전 동의를 얻도록 개정되었다.

원래 플라스틱 쓰레기는 바젤협약에 해당되지 않았는데 2019년부터 선별 안 된 혼합 플라스틱을 통제 대상 폐기물로 분류하기 시작한 거죠. 통제 대상 폐기물이 되면 혼합 플라스틱의 이동은 수출국과 수입국 모두에게 사전 허가를 받아야 합니다.

쓰레기를 보내는 국가야 바로 동의하겠지만 쓰레기를 받는 쪽은 당연히 꺼릴 테니, 사실상 선별 과정을 안 거친 플라스틱 쓰레기 수출은 금지된 걸로 봐야죠. 개정된 내용은 2021년부터 적용됩니다.

24   우리나라도 동남아로 쓰레기를 수출해서 논란이었는데요. 그 문제는 해결된 건가요?

2018년 중국이 쓰레기 수입을 금지하기 전까지 한국은 주로 중국으로 쓰레기를 수출했습니다. 그 경로가 막힌 이후 필리핀 등 동남아시아 국가로 보내기 시작했고요.

국내 처리시설이 부족해 소각 단가가 급등하면서, 쓰레기를 싸게 처리하려고 재활용 명목으로 보내다 문제가 생겼죠. 쓰레기 수출량이 증가하면서 현지에서 한국산 쓰레기가 수면으로 떠오른 겁니다.

2019년에 문제가 불거지고 단속이 강화되면서 표면상으로는 해외로 보내는 플라스틱 쓰레기양이 크게 줄었습니다. 하지만 근본적인 문제가 해결되지 않아 안심할 상황은 아닙니다. 처리시설이 부족해 여전히 쓰레기가 곳곳에 버려지는 상황이 발생하고 있으니까요.

이런 쓰레기 문제가 언제 또다시 대두될지 몰라요. 되도록 국내에서 쓰레기가 처리되도록 체계를 개선하고 쓰레기 수출에 대한 내부 감시망도 촘촘해져야 합니다.

25   쓰레기 수출도 문제지만, 미국이나 일본 등에서 수입하는 쓰레기양도 엄청나게 늘었다고 하던데요.

2018년 이후 중국으로 가지 못한 미국과 일본의 플라스틱 쓰레기 일부가 우리나라로 들어온 건 씁쓸한 현실이죠. 플라스틱 쓰레기가 수입되면서 국내 쓰레기의 재활용을 걱정하는 분들도 있는데요.

우리나라는 플라스틱 재활용업체가 많고 시설 용량도 큽니다. 국내에서 발생하는 쓰레기를 모두 재활용하고도 남기 때문에 외국 플라스틱이 온다고 해서 문제가 크게 불거지진 않아요. 또 국내에서 수집된 플라스틱 쓰레기엔 생산자책임재활용제도를 통한 재활용 지원금이 있어 재활용업체들이 가장 먼저 처리할 거고요.

다만 당장 문제가 없어도 수입 쓰레기가 계속 증가하면 장기적으로 국내 재활용 시장이 부정적인 영향을 받을 가능성은 있습니다. 선진국에서 온 품질 좋은 쓰레기를 재활용하는 데 집중한다면 국내 재활용품의 품질 향상에 소홀해질 우려도 있고요.

그래서 정부는 2020년 6월 30일부터 국내 폐기물의 재활용 촉진을 위해 페트병과 PE·PP·PS 쓰레기 금지했고, 2023년 5월부터는 석탄재와 폐타이어 수입을 금지했습니다. 미국이나 일본 쓰레기를 재활용하기보다는 국내 분리배출 체계를 선진화하여 재활용품 품질을 올려야 합니다. 쓰레기도 국산이 우선입니다!

Part.2

당신의 분리배출은 틀렸다

제대로 버려야 재활용된다는 사실

쓰레기 문제는 누가 해결해야 할까요? 바로 소비자인 우리입니다. 우리가 왜 그리 큰 책임을 져야 하나 의아해하는 분도 있을 텐데요. 차근차근 이야기를 풀어보겠습니다.

사실 쓰레기 없는 세상을 만들기 위해선 소비문화가 바뀌어야 하는데 이런 변화는 기업이 움직여야 가능하거든요. 그런데 기업이 쓰레기 문제를 자각하고 그들 스스로 바꾸는 경우는 드물죠.

소비자인 우리가 변화의 주체이자 기업을 변화시키는 채찍이 되어야 합니다. 기업이 생산단계에서 물건을 일회용 포장으로 덕지덕지 감싸고 배송 업체가 뽁뽁이를 가득 채워 포장해 버리면 소비 단계에서 우리가 할 수 있는 일은 없으니까요. 물건을 만들고 유통하는 단계부터 근본적인 변화가 일어나야 하고, 이런 움직임이 일게끔 소비자는 강력하게 요구해야 합니다.

코카콜라 같은 글로벌 기업이 페트병 재활용에 나서고 있습니다. 왜 그럴까요? 기업이 직접 플라스틱 문제를 책임지라는 소비자의 목소리가 높으니 무시하지 못하는 겁니다. 소비자가 요구하지 않으면 기업은 절대 변하지 않아요.

경영학의 고전 이론 중 **계획된 진부화**라는 말이 있는데요. 기업이 상품의 내구성을 낮춰 불필요한 소비를 유도한다는 몹쓸 이론이죠. 스타킹 원료로 쓰이는 나일론 실을 약화시키기 위해 자외선 차단제 사용량을 줄여 올이 잘 나가게 한 사례는 계획된 진부화의 고전으로 꼽힙니다.

기업 대부분이 물건을 많이 팔 궁리만 할 뿐 쓰레기를 줄일 생각은 하지 않습니다. 그래서 소비자 행동이 중요해요. 쓰레기를 제대로 알고 잘 배출하는 소비자 실천과 기업에 채찍을 가하는 소비자 행동이 결합해야 합니다. 이 둘은 짝지어 머릿속에 담아 두세요.

구체적인 행동 지침은 플라스틱 프리 활동가 고금숙의 책《우린 일회용이 아니니까》에 자세히 나와 있어요. 개인이 혹은 여럿이 함께 행동하는 법을 친절하게 알려줍니다.

2부에서는 소비자 실천 중 쓰레기를 분리배출 할 때 마주치는 문제를 추려 보고 제대로 배출하는 방법을 하나하나 살펴볼 텐데요. 이 과정에서 소비자의 역할은 빛이 납니다. 다 쓴 물건을 분리하고 이물질을 제거해서 배출하는 행동은 소비자만이 할 수 있으니까요.

함께 이야기하면서 분리배출과 재활용에 관한 궁금증도 풀고 뜻밖의 사실을 알아가는 재미도 느끼면 좋겠습니다. 어떤 분리배출은 오히려 재활용을 방해하기도 하거든요.

정확히 알고 실천해야 쓰레기 없는 사회로 거침없이 나아갈 수 있습니다. 좀 더 내밀한 쓰레기의 세계로 함께 가보시죠.

플라스틱 &
친환경 제품이라는 것들

#멜라민 #비닐랩 #고무제품 #실리콘 #페트병 #병뚜껑
#스티로폼 #물티슈 #과자봉지 #담배꽁초 #아이스팩
#껌 #문구류 #칫솔 #빨대 #생분해성플라스틱

<u>1</u>　일상에서 플라스틱 제품을 참 많이 사용하잖아요. 그래서 쓰레기로 나오는 양도 많은 거 같아요. 그나마 플라스틱 쓰레기는 대부분 재활용되니까 다행이라고 생각하는데, 우리가 분리배출한 플라스틱 쓰레기는 어떻게 재활용되나요?

먼저 용어부터 정리하고 넘어갈게요. 플라스틱이 쓰레기로 버려지면 플라스틱 쓰레기 혹은 폐플라스틱이라고 하는데, 여기선 통칭 '플라스틱'이라고 하겠습니다. (플라스틱과 플라스틱 쓰레기를 구분해야 하는 경우에만 '플라스틱 쓰레기'로 씀.)

플라스틱은 같은 재질끼리 모아 녹여서 재생 원료를 만든 후 다시 플라스틱 제품으로 재활용합니다. 겉보기엔 같아 보이지만 플라스틱 재질은 꽤 다양한데요.

수백 가지도 넘는 재질 중 **PE**폴리에틸렌·**PP**폴리프로필렌·**PS**폴리스티렌·**PET**·**PVC** 이렇게 5가지를 가장 많이 사용합니다. 이 중 PVC는 가정용 생활용품으로는 사용량이 많지 않은데(업소용 랩·카드·핸드폰 케이스· 벽지·인조가죽·호스 등에 많이 사용) 대부분 재활용되지 않습니다.

가정에서 주로 배출하는 플라스틱 중 재활용이 가능한 재질은 PE·PP·PS·PET인데 재질별 선별 후 각각 재활용됩니다. 서로 섞이면 저마다 녹는 온도가 달라 재활용에 어려움이 있고, 제품의 성질도 제각각이라 플라스틱 강도가 약해지는 등 플라스틱 재생 원료 품질이 떨어지기 때문이에요.

우리가 분리배출한 플라스틱이 모두 재활용된다고 아는 분들이 많은데 실상은 아닙니다. 대개 위의 4가지 재질 위주로 재활용되고 그 외는 재활용이 쉽지 않습니다.

또 선별장에서 골라내기 어려운 건 재활용되지 않고요. 빠르게 돌아가는 컨베이어벨트에서 재활용품이 이동할 때 손으로 일일이 선별하므로 부피가 너무 작은 건 고르기 어려워요. 재활용 가능한 재질인 칫솔이나 빨대가 막상 재활용이 안 되는 이유입니다.

이처럼 선별되지 않은 것들은 쓰레기로 처리합니다. 선별장에 들어온 재활용품 중 적게는 30% 많게는 70%가 쓰레기로 빠집니다. 그러니까 분리배출만이 능사가 아니란 말이죠.

<u>2</u>　　내놓는다고 다 재활용되는 건 아니었네
요. 분리배출하면 안 되는 플라스틱은
어떤 게 있을까요?

선별장의 기준, 즉 **업체에서 재활용하는 재질**과 **사람이 골라낼 수 있는
크기**의 플라스틱을 배출해야 재활용됩니다. 이 둘을 충족하지 못하면
선별 단계에서 탈락하거든요. 그렇다면 어떤 것들이 탈락하는 걸까요?
플라스틱 종류가 많아 모두 열거하긴 어렵습니다만, 대표적으로 많은
분이 잘못 알고 있는 품목 위주로 살펴볼게요.

먼저 열경화성 플라스틱. 플라스틱은 녹여서 재생 원료를 만드는데, 이
재질은 녹지 않아서 재활용이 어렵습니다. 주변에서 쉽게 보는 열경화
성 플라스틱의 대표 주자는 멜라민 수지인데요. 언뜻 도자기 같아 보이
는 플라스틱 식기류가 여기 해당하는데, 표면이 매끄럽고 단단한 느낌
이 나죠. (주로 밥그릇·접시·물컵·국자·식판에 사용. 재질 표시에 '멜라민' 혹은
'Melamine'으로 되어있음.) 멜라민 수지 그릇은 종량제봉투로 버려야 합
니다.

그 외에도 새로운 재질의 식기들이 출시되고 있는데 마찬가지로 재활용
이 안 됩니다. 플라스틱에 속하더라도 많이 쓰이지 않는 재질을 재활용
할 업체는 없으니까요. 실리콘이나 트라이탄도 여기 해당하니 꼭 종량
제봉투에 넣으세요.

한편 업소용 랩에 쓰이는 비닐은 절대 비닐류로 배출하면 안 되는 재질
인데요. PVC 재질이라 열을 가하면 강산성인 염화수소 가스가 발생하
기 때문입니다. 이 가스는 기계를 부식시키고 재활용 제품에 기포를 형

성합니다. 한마디로 다른 비닐의 재활용을 방해한다는 뜻이죠. PVC 비닐만 따로 모은다면 재활용이 가능하겠지만 현실적으로 어렵습니다. 단, 가정용 랩은 PE 재질이라 비닐류로 배출하면 됩니다.

고무 제품도 재활용이 안 됩니다. 고무장갑을 비닐류로 분리배출하는 분이 있는데, 고무장갑은 비닐 재활용 공정에서 기계에 끼여 고장을 일으킨다고 재활용업체 사장님들이 하소연합니다. 김장 때 사용하는 커다란 고무 대야도 재활용 안 되는 품목이라 대형 쓰레기로 배출해야 하고요. 그 외 고무줄 등 고무 재질은 모두 일반 쓰레기로 처리하세요. 특히 고무줄은 땅에 잘못 버리면 새들이 지렁이로 착각하고 먹을 수 있으니 조심해야 합니다.

위험 폐기물에 해당하는 일회용 라이터도 플라스틱으로 배출하기 쉬운데 반드시 종량제봉투에 넣기 바랍니다. 잔류 가스로 인해 재활용업체에서 화재가 발생할 위험이 있습니다.

3   **분리배출 표시가 있는 플라스틱 중 재질이 'OTHER'인 것도 있는데 어떤 종류를 말하는 거예요?**

분리배출 표시에는 포장재 종류와 재질이 적혀 있는데요. 플라스틱 포장재라면 삼각형 마크 안에 '플라스틱'이, 그 밑에는 몸체·마개·라벨 등의 구체적인 재질을 표시하는 거죠. 환경부는 분리배출 표시에 관한 지침상 플라스틱 재질을 PET·HDPE·LDPE·PP·PS·OTHER로 구분합니다.

OTHER는 PET·HDPE·LDPE·PP·PS 외 모든 플라스틱을 말해요. 단일 재질이라도 이 5가지에 속하지 않으면 OTHER로 표시하고, 둘 이상의 플라스틱이 겹쳐 있거나 종이와 금속 등이 코팅된 복합 재질도 여기 포함됩니다.

OTHER 표시가 있는 플라스틱 포장재는 대부분 복합 재질입니다. 여러 재질을 사용하니 단일 재질로 된 포장재에 비해 재활용이 어렵죠. 어쨌거나 분리배출 표시가 있으니 소비자는 분리배출하면 되지만, 안타깝게도 OTHER로 표시된 플라스틱 용기는 선별장에서 바로 쓰레기로 처리됩니다. 흔히 커피음료·식품·화장품 용기 같은 것들인데요. 애써 분리배출한 노력이 허사로 끝나는 거죠. 참고로 복합 재질이 많은 비닐 포장재는 대부분 태워서 에너지를 이용하는 폐기물고형연료로 씁니다.

정리하면, 모두가 원활하게 재활용되기 위해선 용기를 단일 재질로 전환하거나 별도로 모아 재활용할 수 있는 시스템을 갖춰야 합니다.

<u>4</u>   **쓰레기가 생길 때마다 하나하나 어떻게 버려야 할지 헷갈려요. 플라스틱 분리배출에 관한 좀 더 명확한 지침이 없나**

요? 특히 볼펜이나 칫솔처럼 부피는 작은데 여러 재질로 된 것은 어떻게 내놓아야 할지 난감해요.

사실 플라스틱 분리배출에 관해선 품목별 세부 기준이 없다 보니 혼란이 있습니다. 앞으로 정부와 지자체가 기준을 구체적으로 마련해야 합니다. 그럼 그 전에는 어떻게 버려야 할까요? 일단 몇 가지 기준을 알려드리겠습니다.

먼저, 분리배출 표시가 있는 포장재는 분리배출이 원칙입니다. 분리배출 표시는 소비자가 배출하면 정부와 생산자가 재활용하겠다는 약속이거든요. 분리배출 후 재활용이 될지 여부는 소비자가 책임지거나 판단해야 할 문제가 아닙니다. 앞서 OTHER 용기는 재활용이 어렵다고 했는데, 우선은 분리배출하세요. 표시가 있는데도 재활용이 안 된다면 정부와 생산자가 책임지고 개선안을 마련해야 합니다.

다음으로, 분리배출 표시 대상이 아닌 플라스틱 생활용품은 크기를 기준 삼아 종량제봉투로 배출합니다. 앞서 말했듯 부피가 작으면 선별 작업이 어려워 결국 쓰레기로 처리되기 때문인데요. 볼펜을 예로 들어 볼까요. 한 학생이 볼펜 회사에 볼펜을 어떻게 버리는지 문의하자, 분해 후 스프링은 고철로 심은 쓰레기로 나머진 플라스틱으로 배출하라는 답변을 들었답니다. 잘못된 정보를 준 사례인데요. 볼펜은 어떻게 버려도 선별장에서 걸러지기엔 너무 작습니다.

칫솔은 어떨까요? 칫솔 손잡이는 PP, 솔은 나일론 재질입니다. 분리배출을 열심히 하는 분들은 솔이 있는 머리 부분을 종량제봉투에 넣고 손잡이만 분리배출합니다. 그러나 볼펜과 같은 이유로 재활용 여정에서 탈락해요. 빨대도 마찬가지고요.

플라스틱으로 많이 배출되는 레고도 재활용에서 탈락합니다. 레고는 ABS 재질로 재활용이 잘 되는 고급 플라스틱이라 따로 모을 수 있다면 가능하지만 현재는 선별이 어려워요. 끈 형태도 마찬가지로 재활용이 어려운 데다 오히려 선별장 기계에 끼여 고장을 유발할 수도 있어요.

그렇다면 재활용이 가능한 크기는 어느 정도일까요? 아쉽게도 정부나 지자체의 공식 기준은 아직 없습니다. 앞으로 정부가 선별업체의 현장을 고려해서 정해야 합니다. 저는 손바닥 정도가 괜찮다고 봅니다. 그보다 작으면 종량제봉투로 처리하고요.

이런 방법도 있습니다. 동네마다 작은 플라스틱 수거함을 설치해(주민센터 혹은 대형마트) 재활용 가능한 재질이지만 크기가 기준 미만인 플라스틱을 모으는 거죠. 저는 **재활용 마트**로 이름 붙여 보았는데요. 지자체가 나서서 재활용 마트를 열어 작은 플라스틱도 꼼꼼히 모으는 체계를 만들면 좋겠습니다.

서울환경운동연합에서는 2020년 6월부터 시민들이 보내주는 작은 플라스틱을 재활용하는 **플라스틱 방앗간**을 운영하고 있습니다. 플라스틱을 모아 오는 이들을 '참새'라고 부르는데요. 참새와 방앗간이 많아지면 플라스틱 재활용 생태계도 건강해지겠죠.

마지막으로, 크기뿐만 아니라 단일 재질인지도 봐야 합니다. 재활용되는 재질은 대개 PE·PP·PS·PET로, 여기 해당되면 분리배출해도 된다는 뜻입니다.

요즘은 거의 사라진 비디오테이프를 예로 들어 볼까요? 테이프 속 필름을 제거하면 재활용이 된다지만 선별 중 제거 여부를 일일이 확인하기 어렵기 때문에 종량제봉투에 버려야 합니다. CD나 DVD는 플라스틱으로 배출할 수 있고요. 이 품목은 PC폴리카보네이트 재질인데 선별장 작업도 가능하고 재활용업체도 있습니다. (단, 재활용 시장 상황에 따라 달라질 수 있음.) 카시트처럼 섬유와 플라스틱이 혼합된 경우는 대형 쓰레기로 버리세요. 플라스틱 제품은 대개 부위별로 살펴봐야 하는데, 흔히 쓰는 재질이 아니면 재활용이 어려운 경우가 많습니다.

유명한 쓰레기 제로 마을인 일본 도쿠시마현의 카미카쓰 마을은 분리배출 품목을 무려 60가지로 나눕니다. 분리배출 품목 수로는 전 세계 1등이에요. 우리도 작은 부분부터 차근차근 챙겨 실행하다 보면 시간이 좀 걸려도 쓰레기 제로에 조금씩 가까워질 겁니다.

5 **쓰레기를 버릴 때 이런 세세한 내용을 알면 도움이 될 텐데요. 제대로 알고 버릴 수 있도록 플라스틱 배출 방법을 품목별로 안내해 주는 정보제공 서비스가 있으면 좋겠어요.**

그렇죠. 플라스틱 제품은 종류가 많고 재질도 다양해서 세부 정보를 제공하는 프로그램이 반드시 있어야 합니다. 많이들 궁금해하는 부분은 이 책에 최대한 담았지만 아마 가정에서 나오는 쓰레기 중 절반도 채 안될 테니까요.

저는 글을 쓸 때 맞춤법이 너무 헷갈립니다. 그때마다 맞춤법 사이트를 찾아 배우고 있습니다. 분리배출 품목도 친절하게 설명해주는 곳이 있다면 얼마나 편리할까요.

우선 쉽게 활용할 수 있는 앱 **내손안의 분리배출**을 써보세요. 민간에서 운영하는 시스템이라 공식 지침으로 효력이 없다는 한계는 있지만요.

하루빨리 정부와 전국 지자체가 힘을 합해 온라인 분리배출 정보제공 서비스를 운영해야 합니다. 가정에서 배출되는 세부 품목별 지침도 구체적으로 담고요. 우리나라가 재활용 선진국이 되려면 꼼꼼히 확인해야 해요. 쓰레기 문제를 잘 챙기는 국가가 선진국 아닐까요.

<u>6</u> **요즘 들어 미세플라스틱과 플라스틱 문제가 많이 거론되고 있잖아요. 플라스틱을 처음 개발할 때 지금 같은 문제를 예상했을까요?**

1955년도 미국 시사 잡지 <라이프>를 보면 일회용 플라스틱이 하늘에서 비처럼 쏟아지고 사람들이 두 손 들어 환호하는 모습이 실려 있습니다. 1967년에 나온 영화 <졸업>에는 세계를 점령할 플라스틱의 모습을 예견하는 상징적인 장면이 나옵니다. 대학을 갓 졸업한 주인공에게 사업가인 아버지 친구가 이렇게 말해요.

"딱 한 마디만 하고 싶네. 플라스틱이야 Just one word, Plastics."

명문대를 졸업했지만 미래를 불안해하는 청년에게 유망한 사업 아이템으로 플라스틱을 조언하는데요. 머지않아 플라스틱이 세계를 점령하리라는 예고편 같기도 하죠. 그로부터 얼마 지나지 않아 플라스틱은 인간들의 폭발적인 반응으로 손쉽게 퍼지기 시작했고, 마침내 인간은 플라스틱 제국의 신민이 되었습니다.

당시만 해도 사람들은 플라스틱을 '물질 소비의 민주화(모두가 평등하게 상품을 소비할 수 있도록 함)'를 구현한 꿈의 물질로 숭배했는데요. 그랬던 플라스틱이 지금은 왜 천덕꾸러기로 전락했을까요?

우선 너무 많이 사용하기 때문입니다. 그러니 쓰레기로 배출되는 양도 어마어마하죠. 어느새 플라스틱은 인간이 가장 많이 사용하는 물질 1위(부피 기준)로 등극했고, 전 세계 플라스틱 사용량은 연간 약 4억 6천만 t이나 됩니다(2019년 기준). 이 추세라면 2069년에는 12억 3천만 t까지 사용량이 증가한다니 엄청난 속도죠.

그럼 버려진 플라스틱은 얼마나 될까요? 무게로 볼 때 우리나라 가정에서 나오는 쓰레기 중 20%를 차지합니다. 얼핏 적어 보이지만 플라스틱은 가벼워서 부피로 환산하면 전체의 반 이상이에요.

양이 많아도 처리하는 데 문제만 없다면 괜찮을 텐데 처리도 어렵습니다. 전 세계 플라스틱 쓰레기 중 재활용된 양은 9%에 불과한데요(2019년 기준). 19%는 태워지고 49%는 땅에 묻히며 22%는 어딘가에 버려진다고 하는데, 최종적으로는 바다로 흘러갈 확률이 높아요.

매년 바다에 유입되는 쓰레기양은 평균 170만 t 정도로 추정되는데(2019년 기준), 바다로 간 플라스틱은 바다를 떠돌면서 지구 생태계에 온갖 민폐를 끼치고 있습니다. 코에 빨대가 꽂혀 피를 흘리는 거북이나 플라스틱 쓰레기를 새끼에게 먹이는 알바트로스 사진은 인간이 버린 플라스틱이 어떤 문제를 일으키는지 적나라하게 보여줍니다.

분해되지 않고 잘게 쪼개진 플라스틱 조각이 미세플라스틱이 되어 먹이 사슬을 따라 인간 몸속으로 들어온다는 건 이제 새삼스럽지 않죠. 70년 동안 경각심 없이 사용해 오던 플라스틱이 어떤 존재인지 알게 된 겁니다. 플라스틱 제국의 아늑한 품에서 편리함을 즐기던 인간들은 이제 현실을 깨닫고 새로운 방향으로 움직일 텐데요. 플라스틱을 현명하게 부려야 할 때입니다.

<u>7</u> 바다 쓰레기와 미세플라스틱 문제가 정말 심각한 것 같아요. 특히 바다로 버려지는 쓰레기를 줄이려면 어떻게 해야 하나요?

가장 좋은 방법은 사용하지 않는 거죠. 유럽 연합은 2022년부터 일회용 식기(포크·숟가락·접시·빨대 등), 면봉, 풍선 스틱 등 10개 품목을 금지한 다고 발표했는데요. 우리도 바다로 버려질 가능성이 높은 일회용 플라 스틱 제품 사용을 하루바삐 금지해야 합니다.

당장 시행이 어렵다면 우선 정부와 지자체가 플라스틱이 바다로 가지 않게 경로별로 철저히 관리해야 하죠. 문제를 인식하는 데서 나아가 구 체적이고 세부적인 해결 방안을 모색해야 합니다.

그럼 플라스틱이 어떻게 바다로 흘러가는지 알아볼까요. 크게 세 가지 경로로 유출됩니다.

먼저, 어업인들이 어구(양식장 스티로폼 부표나 그물) 등 배에서 나오는 각종 쓰레기를 버리는 경우입니다. 바다가 일터인 사람들이 스스로 밑천을 마구 털어먹는 셈이니 안타까운 일이죠. 이렇게 오늘만 사는 듯 행동해선 안 됩니다. 고기잡이 도구는 보증금제를 도입해서 어민들이 반드시 수거해 육지로 가져오게 하고, 혹시 모를 유실 가능성을 고려해 어구의 재질은 생분해성물질로 바꿔야 합니다. 쓰레기를 고의로 바다에 버리는 행위는 엄하게 처벌하고요.

다음은, 사용하고 난 낚싯줄이나 해수욕장에 버려진 쓰레기가 물에 휩쓸려 들어가는 경우인데요. 특히 해변가 활동에는 강력한 규제가 필요합니다. 지정된 장소에서만 낚시를 허가하고, 쓰레기를 투기하면 육지보다 훨씬 더 강력하게 엄벌하고요. 야외에서 음식을 먹는 행위도 막아야 해요. 무엇보다 바닷가 행사에 관한 행위규범을 제대로 만들어야 해요. 폭죽 터뜨리기나 풍선 날리기 같은 거요. 잠깐 보기 좋다고 쓰레기를 사방으로 뿌리면 결국 우리에게 고스란히 돌아옵니다. 지난 2018년 전북 부안 앞바다에서 잡힌 아귀 배 속에서 20cm 플라스틱 생수병이 나왔죠. 이미 바다는 여러 형태로 우리에게 경고하고 있습니다.

마지막으로, 육지에서 버린 쓰레기가 강을 통해 바다로 흘러간 경우인데요. 도로의 페인트나 타이어 분진, 세탁 후 나오는 세탁 섬유 조각, 변기로 버려진 물티슈나 면봉, 아이스 팩 내용물, 길거리 담배꽁초, 농촌 폐비닐, 거리와 계곡에 버려진 쓰레기 등등 바다로 향할 쓰레기가 지천에 널려있습니다. 심각하지만 기술적 대안이 필요한 문제라서 단기간에 해결하긴 어려워요. 하지만 쓰레기를 불법 투기하는 행위는 당장 바꿀 수 있죠. 불법투기 단속을 강화하고 바다 쓰레기를 예방할 홍보 캠페인과 교육도 늘려야 합니다.

<u>8</u> 담배꽁초나 물티슈가 바다로 가면 미세
플라스틱이 된다고 했는데, 이것도 플
라스틱인가요? 그렇다면 어떻게 버려
야 하나요?

많은 분들이 종이로 잘못 알고 있는데 담배 필터는 셀룰로스 아세테이
트라는 재질의 플라스틱입니다. 담배 필터는 1950년대에 개발되어 지
금까지 사용되고 있죠. 당시 담배 회사는 필터가 담배 연기의 오염물질
을 걸러줘서 건강에 좋다고 홍보했는데요. 이 필터가 흡연자의 건강뿐
만 아니라 생태계도 망치는 상황입니다.

실내 흡연이 금지되면서 거리로 나온 흡연자들은 타고 남은 꽁초를 길
바닥이나 빗물관에 아무렇게나 버립니다. 꽁초들은 빗물관을 통해 강으
로 가죠. 도심에서 나온 플라스틱 쓰레기 중 바다로 갈 가능성이 가장 높
은 것이 담배꽁초라고 봅니다.

특단의 조치가 필요한 문제인데요. 흡연자들이 지구에 민폐를 끼치지
않게끔 교육이 필요합니다. 담배 회사에 책임을 강하게 부여해야 하고
요. 담배 판매점으로 꽁초를 모으거나 따로 재떨이를 길거리에 설치하
는 등 다양한 방식을 통해서 말이죠. 저는 담배에 보증금을 부과해 판매
점이 꽁초를 모으는 시스템을 도입하기를 바랍니다.

물티슈는 어떨까요? 많은 이들이 화장실에서 물티슈를 사용하고 변기
에 버리는데요. 물티슈는 면·레이온·레이온과 폴리에스터 혼방 제품이

있는데, 천연 재질인 면을 제외하곤 모두 플라스틱입니다.

레이온과 폴리에스터 섬유가 섞인 물티슈를 변기로 버리면 하수관로를 막아 하수처리장 설비고장을 일으키는 원인이 됩니다. 무엇보다 위험한 건, 강을 통해 바다로 간 플라스틱이 미세플라스틱으로 떠돌게 된다는 사실인데요. 미세플라스틱을 먹고 자란 물고기가 우리 집 식탁에 오를 수도 있습니다. 바로 우리 자신을 위해서라도 물티슈는 아예 쓰지 말아야 해요. 부득이 사용한다면 반드시 쓰레기통에 버려야 합니다.

코로나19 사태를 맞으면서 개개인의 위생 관리는 필수 교양이 되었습니다. 흔히 우리는 '일회용=위생적'으로 알고 있죠. 그래서인지 물티슈 사용이 점점 증가하고 있어요. 그런데 위생을 위해 일회용품 사용이 증가하면 환경이 파괴되고, 파괴된 환경으로 인해 새로운 바이러스 출현을 가속하는 악순환이 발생합니다.

위생 기준은 지키되 일회용품 사용은 자제해야 돼요. 요즘 물티슈를 마구 남용하는 사람들을 보면 과하다는 생각이 듭니다. 심지어 비데용 물티슈도 있더군요. 편리함에 중독된 이들 탓에 플라스틱 사용량은 끝없이 증가하고 있습니다. 상수도 시설이 잘되어 있는 우리 주변에서 가장 강력한 위생 지킴이는 바로 손 씻기입니다.

<u>9</u>   **요즘 나오는 제품을 보면 분해가 잘되는 친환경 제품이라면서 변기에 버려도 된다는 물티슈가 있는데 정말 괜찮은가요?**

대나무나 펄프로 만들어 생분해된다고 홍보하는 제품이 있어요. 변기로 버려도 문제가 없으려면 우선 물속에서 빨리 풀어져야 하고, 강이나 바다로 유입될 때 생분해가 되어야 합니다.

이런 조건을 충족하는 제품을 물내림 적합 제품이라고 하죠. 그런데 국내에 이 내용을 확인할 수 있는 공식 기준과 검사기관이 없습니다. 물티슈 생산 업체는 자기들끼리 만든 기준을 충족한다며 홍보하는데, 사실 기준에 관해서는 논란이 많아요.

하수도 관리 기관에서 만든 좀 더 엄격한 기준도 있지만 아직 이 조건을 완벽하게 통과한 제품은 없습니다. 이런 상황이라 저는 변기에 버려도 된다는 물티슈 판매에 부정적입니다. 명확한 기준 없이 물티슈 남용을 조장한다고 보거든요.

변기로 버려도 되는 물티슈라고 하면 소비자는 덩달아 플라스틱으로 된 물티슈까지 변기로 처리할 가능성이 커져요. 하수관로를 쓰레기 버리는 통로로 이용하게끔 유도하는 것 자체가 문젭니다.

어쩔 수 없이 써야 한다면 꼭 종량제봉투로 버리세요. 다만 이렇게 버린 물티슈의 종착지는 소각이나 매립이니 사용하지 않는 게 최선이죠.

10 용기에 묻은 음식물이나 세제처럼 안에 내용물이 남아 있을 땐 어떻게 하나요?

화장실에 가면 "아름다운 사람은 머문 자리도 아름답습니다"라는 문구가 있죠. 아름다운 사람은 버리는 것도 아름답다고 생각해요. 누군가가 버린 물건을 보면 그 사람의 숨은 인격이 드러나 있어요. 재활용품을 깨끗이 버리는 태도는 필必환경 시대를 살아가는 시민의 교양입니다.

어차피 재활용되는데 왜 깨끗하게 버려야 하냐고요?

우선, 재활용 현장에서 일하는 분들에 대한 배려입니다. 우리가 버린 물건은 재질별로 선별된다고 강조했는데요. 과정마다 모두 사람 손을 거칩니다. 그러니 음식물이 묻은 채로 배출하면 현장에서 일하는 분들의 위생 환경이 나빠져요. 위생을 위해 일회용 물티슈까지 쓰는 이들이 재활용 현장에서 일하는 분들에겐 음식물 묻은 용기를 내놓는다면 너무한 행동이죠.

재활용품 선별장에는 구더기가 기어 다니고, 곰팡이가 날아다닙니다. 저는 쥐 사체도 봤습니다. 대충 싸맨 똥 기저귀와 비닐봉지에 담긴 족발 뼈다귀가 들어오기도 하고요. 선별장 작업자들이 걸리는 직업병 중 하나가 '손톱 곰팡이'인데요. 보이지 않는 곳에서 가장 중요한 일에 고군분투하는 분들을 위한 배려가 절실합니다.

다음은, 재활용 비용을 줄이고 재생 원료의 품질을 높이기 위해서입니다. 이물질이 많으면 재활용 공정 중 세척 비용이 증가하고 완전히 씻기지도 않거든요. 특히 고추장이나 된장 통은 시간이 지나면 내용물이 딱딱하게 굳어 용기에 들러붙죠. 재활용업체 분들 이야기로는 세척해도 잘 안 떨어진다고 하더군요. 정말 "이런 된장!" 하고 욕이 나옵니다. 세척이 제대로 안 되면 재생 원료의 품질도 낮아져요. 고품질 원료는 깨끗한 분리배출에서 시작됩니다.

그렇다면 어느 정도의 상태로 버려야 할까요? 명확한 기준은 없습니다.

상식선에서 판단하면 된다고 보는데요. 내용물을 버리고 세척하기는 기본이고요. 샴푸나 세제, 화장품 용기에 내용물이 많이 남았다면 내용물만 따로 덜어내 종량제봉투에 버리고(다 쓰는 편이 환경보호에 바람직합니다만 부득이할 때) 용기는 세척합니다. 떡볶이를 담은 비닐봉지나 컵라면 용기처럼 씻어도 빨간 자국이 남는 경우도 종량제봉투에 버리는 게 낫습니다.

<u>11</u>   페트병은 어떻게 재활용이 되나요?

페트병은 포장재 중 가장 많이 쓰이는 플라스틱입니다. 투명하고 기능성이 뛰어나 생산자들의 사랑을 듬뿍 받죠. 우리나라에선 페트병 사용량이 폭발적으로 증가하는 추세입니다. 2003년 연간 약 11만 t이 사용되었는데 2010년 19만 t, 2020년 32만 t으로 매년 약 1만 t씩 증가하고 있으니까요. 연간 약 200억 개의 페트병이 소비되니 엄청난 양입니다. (2019년 기준)

플라스틱 사용량을 잡으려면 페트병 줄이기가 급선무입니다. 그래서 요즘은 회의할 때 일회용 생수병을 사용하지 말자는 운동도 하죠. 우리나라 페트병 재활용률은 약 75%로(2020년 기준, 약 24만 t 재활용) 플라스틱 중에서도 높은 편입니다. 다음은 페트병이 재활용되는 과정입니다.

    선별장에서 한꺼번에 선별
    ⋯➛ 재활용업체로 가서 색깔별로 선별
    ⋯➛ 파쇄 후 물로 세척한 뒤 탈수 및 건조(재생 플레이크)

⋯→ 국수 가락처럼 뽑아낸 후 식혀서 쌀 모양으로 톡톡 끊음(재생 펠릿)

재생 플레이크와 재생 펠릿 두 가지 모두 페트병 재생 원료인데요. 페트병 재생 원료는 다시 페트병을 만들거나 도시락 통 같은 포장 용기를 제작하는 데 쓰입니다. 녹여서 폴리에스터 섬유로 만들기도 하고요. 실을 길게 뽑으면 옷으로, 짧게 뽑으면 솜(인형·소파·이불 속)으로 사용하죠.

우리나라는 페트병 재생 원료 중 약 56%(2020년 기준)가 재생 솜으로 들어가고 의류용으로 재활용되는 비율은 극히 미미해요. 우리나라에서 페트병을 재활용해 만들었다는 친환경 의류는 대부분 외국에서 수입한 페트병 재생 원료로 만든 건데요. 외국에서 재생 원료를 들여와 친환경 옷을 만들 정도니 재활용 강국이란 칭호가 부끄러운 실정입니다. 어쨌거나 페트병이 가장 의미 있게 재활용되려면 다시 페트병으로 쓰여야 합니다.

국산 페트병 재생 원료의 가치가 낮은 이유는 이물질이 섞여 품질이 좋지 않기 때문인데요. (오염물질이나 라벨, 접착제 등 이물질이 제대로 제거되지 않음.) 라벨에 잘 떨어지지 않는 접착제를 사용한 생산자 책임이 가장 커요. 다행히 2020년부터 기준이 강화되어 생산자들은 라벨이 잘 떨어지는 접착제를 의무적으로 사용해야 합니다. 우리도 긍정적인 변화에 발맞춰 말끔히 세척한 용기를 내놓으면 좋겠죠. 다시 한번 강조하지만 분리배출한다고 끝이 아니라 분리배출을 '잘' 해야 합니다.

<u>12</u>   **페트병을 버릴 때 부착물 분리가 제일**

어려웠는데 반가운 소식이네요. 그런데 페트병의 마개나 라벨을 같은 재질로 하면 굳이 제거하지 않아도 재생 원료의 품질을 떨어뜨리지 않을 것 같은데, 왜 그렇게 하지 않나요?

결론부터 말씀드리면 재활용이 어려워지기 때문입니다. 왜 그런지 차근차근 살펴볼게요. 먼저 앞서 배운 재활용 공정을 떠올려 볼까요. 페트병을 파쇄한 후 물로 세척한다고 했죠. 이때 물보다 무거운 페트병 조각은 가라앉고, 가벼운 마개(PE 재질)와 라벨(PP 재질)은 수면에 뜹니다. 그런데 마개와 라벨이 PET 소재라면 파쇄 후 페트병과 함께 가라앉거든요. 문제는 여기서 발생합니다. 마개와 라벨에는 색이 들어가잖아요. 투명한 페트병과 섞이면 유색 재생 원료가 만들어집니다. 유색 원료는 무색보다 가격이 낮아요. 무색 원료가 kg당 900원이라면 유색은 600원 이하랍니다.

같은 재활용 비용을 쓰고도 색깔 때문에 반값이 되면 재활용업체는 손해를 보는 셈이죠. 또 다른 문제로는 PET 재질 마개를 쓰면 병과의 밀착성이 떨어져 음료가 샐 우려가 있고요.

그런데 재질보다 중요한 건 페트병 사용을 줄이는 겁니다. 어떤 소재로 할지 고민하기 전에 아예 라벨을 만들지 않는 편이 좋고요. 무엇보다 페트병을 안 쓰는 습관이 중요합니다.

공정을 알고 보니 이해가 돼요. 어쨌거나 투명한 뚜껑 제작이 불가능하다면 우린 어떤 노력을 해야 할까요? 페트병과 같이 재활용되지 않는 마개와 라벨은 어떻게 버릴지 막막해요.

라벨은 소비자가 제거한 후 비닐로 분리배출해야 합니다. 떼기 쉽게 절취선이 있는 라벨은 페트 혹은 PS 재질로 되어 있는데요, 모두 물에 가라앉는 재질입니다. 이런 라벨은 소비자가 떼지 않으면 페트병 재활용 공정 중 세척 공정에서 문제가 됩니다. 라벨 조각이 페트병 조각과 함께 가라앉기 때문이죠.

이와 반대로 마개는 페트병에 닫아 분리배출하는 것이 좋습니다. 마개를 떼서 따로 분리배출하면 재활용이 어렵습니다. 부피가 작아 선별장에서 골라내지 못하거든요. 단, 마개를 닫기 전에 먼저 발로 밟아 압축해야 합니다. 압축하지 않고 마개를 닫아 배출하면 선별장에서 문제가 발생해요.

페트병은 선별 후 압축해서 재활용업체로 보내는데요. 페트병에 마개가 닫혀 있으면 병 안에 공기가 빵빵하게 들어있어서 압축되지 않겠죠. 압축한 후 마개를 닫아 배출하면 페트병 재활용 공정에서 마개와 페트병을 분리해서 각각 재활용합니다. 마개 조각은 물에 뜨기 때문에 세척 과정에서 분리가 되기 때문이죠. 마개를 닫아서 배출해도 이렇게 재활용이 되니까 마개 고리도 굳이 뗄 필요가 없겠죠.

마개를 따로 모아서 재활용할 수 있다면 굳이 닫아서 배출할 필요는 없습니다. 서울환경운동연합에서는 페트병 뚜껑을 모아 '치약 짜개' 같은 재활용 제품을 만들고, 몇몇 생협에서도 페트병 마개를 재활용업체로 보내는 캠페인을 하고 있습니다. 조금 번거롭더라도 따로 모아서 이런 프로그램에 동참하는 것도 자원순환을 위해 지금 우리가 할 수 있는 방법의 하나겠죠. (참여 방법은 204쪽 '플라스틱 방앗간' 참조)

플라스틱 병뚜껑 모으기

한살림 제주는 병뚜껑을 모아 소외계층을 지원하는 '세상의 희망이 되는 2g 캠페인'을 진행한다. 올바른 분리배출 방법을 알리고 민·관·기업·지역 주민이 함께 지속 가능한 지역공동체를 실현하는 활동이다. 2019년에는 제주 한살림 매장을 통해 병뚜껑을 모아 저소득층 가정에 현금 50만 원을 전달했다.

한편 투명 페트병을 따로 배출하게 하는데요. 모든 투명 페트병이 해당하는 건 아니고 생수와 음료병만 해당합니다. 단, 간장이나 식초를 담은 페트병은 세척을 잘해서 배출한다는 것을 전제로 투명 페트병 모으는 곳에 버려도 됩니다.

식용유·샴푸·세제·올리고당·자동차 첨가제를 담은 페트병은 투명해도 '플라스틱'으로 배출해야 합니다. 계란판이나 과일 등을 담은 투명한 플라스틱 용기도 페트 재질로 된 것들이 있는데요. 이런 것을 '판 페트'라고 해요. 판 페트도 투명하다고 해서 투명 페트병에 버리면 안 돼요. 플라스틱으로 배출해야 하죠.

주스 페트병을 버릴 때 병 입구 부분이 하얀색으로 되어 있어서 잘라야 하는 게 아니냐는 질문이 많은데요. 두껍게 되어 있어서 하얀색으로 보이는 겁니다. 녹이면 투명하게 변하기 때문에 자르지 않고 그냥 그대로 투명 병으로 배출하면 됩니다.

14   요구르트병에 붙은 알루미늄 마개는 반드시 떼야 한다는데 왜 그런가요?

요구르트병은 모두 PS로 되어있는데 이 재질은 물에 가라앉습니다. 여기까지 말하면 이제 감이 올 텐데요. 플라스틱 재활용은 모두 재질별로 선별·파쇄 후 세척하여 녹이는 공정을 거친다고 했잖아요.
세척 과정에서 파쇄한 PS 조각은 물에 가라앉죠. 그런데 만약 알루미늄 마개를 떼지 않는다면 어떻게 될까요? 둘 다 가라앉기 때문에 녹이는 공정에 문제가 생깁니다.
PS 재질에 알루미늄 조각이 섞여 들어가면 플라스틱을 녹이는 용융기 안에서 체로 걸러내야 하는데, 조각이 아주 작아 거르기 힘듭니다. 결국 재생 원료 품질은 나빠지고요.

15   샴푸나 세제 페트병에 펌프가 있는 마개도 꼭 빼고 버려야 한다고 들었어요.

펌프식 마개를 보면 용기 안쪽으로 뻗은 기다란 플라스틱 관에 철로 된 스프링이 있습니다. 바로 이 부분이 재활용 공정에서 파쇄기의 칼날을 훼손하거든요. 오죽하면 플라스틱 재활용업체에서 칼날 교체에 비용이 많이 든다며 하소연할까요.

상황이 이러니 재활용업체는 펌프식 마개를 제거하고 배출하라고 요구하고 있죠. 따라서 철로 된 스프링이 들어있는 펌프 마개는 일반 쓰레기로 버리고, 몸체만 플라스틱 수거함에 넣는 것이 좋습니다.

16   스티로폼은 어떻게 배출해야 하나요?

주택가의 경우 다른 플라스틱과 섞지 말고 스티로폼만 따로 묶어 배출해야 합니다. 아파트에서는 지정된 장소에 내놓으면 되고요. 배출 시엔 꼭 스티로폼에 붙은 비닐 테이프나 운송장을 모두 제거합니다.

스티로폼은 공기가 들어가 팽창한 Expanded PS 재질로(그래서 스티로폼을 EPS라고 함), 단열이 잘되고 충격을 흡수하는 효과가 있어 완충재나 보온 또는 냉동 포장재로 쓰이죠.

반면 부피가 커서 수거 시 운반비가 많이 듭니다. 선별장에 스티로폼이 들어오면 부피를 줄이기 위해 스티로폼을 녹여 공기를 빼고 굵은 가래떡처럼 만들어 재활용업체로 보내요.

가끔 스티로폼과 스티로폴 중 어느 쪽이 맞는지 내기하는 분들이 있는데 둘 다 맞습니다. 스티로폼은 미국 듀폰사, 스티로폴은 독일 바스프사의 제품명이에요.

17   참! 스티로폼도 여러 종류가 있어 한데

버리면 안 된다는데, 분리배출이 가능한 것과 그렇지 않은 것은 어떻게 구별하나요?

PS 재질로 된 스티로폼만 분리배출해야 합니다. 시중에 PS가 아닌 다른 재질에 공기를 넣어 만든 포장재가 많아요. 흔히 과일이나 소형 전자제품 포장에 쓰이는 스펀지 느낌의 완충재, 요가 매트, 스펀지, 휴대용 방석 등을 스티로폼으로 착각하기 쉬운데요. 모두 종량제봉투나 대형 쓰레기로 배출해야 합니다.

건물의 단열재로 쓰는 스티로폼도 같이 버리면 안 돼요. 단열재용에는 불이 잘 안 붙게 하는 물질을 첨가하기 때문입니다. 가정에선 주로 인테리어 공사할 때 보게 되는데 꼭 종량제봉투에 버려야 합니다.

18 색깔 있는 스티로폼을 배출하다 경비원에게 혼난 적이 있어요. 분리배출 표시가 있는 컵라면 용기를 버릴 때도 혼났는데, 왜 이런 것들은 재활용이 안 되나요?

요즘 분리배출하는 날 스티로폼 버리다 혼난 얘길 심심찮게 듣곤 합니다. 사실 색깔 문제입니다. 앞서 페트병도 투명한 경우 외엔 재활용 가치가 낮다고 했죠. 스티로폼은 대부분 백색입니다. 재활용하면 하얀 재생 원료가 나와요.

만약 흰색 말고도 다양한 색이 있다면 색깔별로 원료를 만들 수 있을 텐데요. 문제는 양입니다. 백색 외 스티로폼은 양이 적은 탓에 별도로 분류해 재활용할 조건이 안 됩니다.

게다가 유색 스티로폼이 백색 그룹에 섞이면 A급 재생 원료가 B급으로 떨어지거든요. 그래서 아예 못 내놓게 하는 겁니다. 기술적인 측면이 아닌 경제적 이유로 재활용이 막힌 거죠.

기능상 특별한 이유가 아닌 마케팅 목적으로 색을 입히곤 하는데요. 백색 외 다른 색 스티로폼은 처음부터 만들지 말아야 합니다. 아예 생산을 금지하는 등 정부 차원의 강력한 조치가 필요합니다.

컵라면 용기에 라면 국물 자국이 남은 경우는 햇빛에 노출해 국물 자국을 없애는 방법이 있어요. 빨간 국물 자국이 남는 건 카로티노이드라는 색소 때문인데요. 지용성이라서 물로는 세척이 잘 안 되는데, 햇빛을 받으면 분해되거든요. 그래서 물 세척이 아닌 햇빛 세척을 하면 하얀색 스티로폼으로 분리배출 할 수 있어요.

<u>19</u>　**과자나 라면수프 봉지 같은 비닐은 어떻게 재활용되나요?**

많은 분들이 비닐과 플라스틱을 달리 여기는데, 비닐도 플라스틱입니다. 공식 용어는 '필름류 플라스틱'으로 두께가 아주 얇은 플라스틱을 말하죠. 비닐이나 두께가 두꺼운 딱딱한 플라스틱, 나일론이나 폴리에스

터 등 합성섬유 모두 석유에서 뽑아낸 원료로 만든 플라스틱입니다.

비닐도 재활용하려면 재질별 선별이 원칙이지만 현실적으론 어렵습니다. 비닐을 한 장씩 들여다보며 구분하는 작업이 가능할까요? 불가능하진 않은데 비용이 많이 들어요.

우리가 배출한 비닐은 여러 재질이 섞인 채 선별장으로 가서 비닐과 비닐이 아닌 것으로 나눠집니다. 국내에서 비닐은 폐기물고형연료·플라스틱 재활용 제품·플라스틱 분해 기름, 이렇게 3가지 용도로 재활용됩니다.

폐기물고형연료SRF는 석탄을 대신하는 재생연료가 됩니다. 쉽게 말해 석탄 대신 플라스틱을 태워 에너지를 이용하는 거죠. 잘게 쪼개진 후 가래떡 모양으로 변신한 비닐은 보일러나 발전소의 연료로 쓰입니다. 태우는 방식이니 쓰레기 소각과 다를 바 없다고 생각할 수도 있지만, 「폐기물관리법」에서는 재활용으로 분류합니다. 가정에서 분리배출되는 비닐의 약 70%가 이렇게 재활용되고 있어요.

플라스틱 재활용 제품은 비닐을 녹여 제작하는데요. 여러 재질의 비닐을 한꺼번에 녹이므로 품질이 낮아서 수요처가 많지 않습니다. 가정에서 분리배출되는 비닐 중 약 25%가 이렇게 재활용됩니다.

플라스틱 분해 기름은 플라스틱을 열로 분해해서 기름 상태로 되돌리는 방법입니다. 플라스틱은 석유로 만들기 때문에 분해하면 다시 석유로 되돌릴 수 있어요. 그런데 기름을 뽑아낸다면 에너지와 돈이 들어가고, 아직 기술적으로도 완전하지 않아서 비닐 재활용량의 약 5% 정도만 차지하고 있어요. 환경부는 도시유전 사업이라는 이름을 붙여서 플라스틱을 기름으로 분해할 뿐만 아니라 그 기름으로 다시 플라스틱까지 만드는 방법을 활성화하겠다고 발표했고요. 대규모 석유화학업체들도 이 사업에 참여하겠다고 발표하고 있어서 앞으론 이 방법이 활성화될 전망입니다.

20 분리배출 표시가 없는 비닐도 꽤 있던데 어떻게 해야 하나요?

우리가 일상적으로 많이 쓰는 비닐은 표시 여부와 상관없이 같이 묶어 배출하면 돼요. 다만 섞이면 안 되는 종류가 있습니다. 바로 업소용 랩과 소시지 포장재로 쓰이는 비닐인데 둘 다 PVC 재질이에요.

PVC 재질은 염소 성분이 40% 이상이므로 고형연료로 만들어 태울 때 염화수소 가스가 발생합니다. 염화수소는 매우 강한 산성가스로 기계를 부식시켜 망가뜨리죠. 무시무시한 염산(염화수소 가스가 물에 녹으면 염산이 됨)을 생각하면 됩니다.

같은 이유로 음식물이 묻은 비닐과 라면수프처럼 소금(염소 성분이 문제가 됨)이 들어있는 비닐은 소금기를 씻어낸 후 배출해야 합니다. 양파망을 어떻게 버려야 할지 질문도 많은데요. 비닐로 분리배출하면 됩니다.

21 안쪽이 은박지로 된 라면이나 과자 봉지도 비닐로 배출해도 되나요? 안 된다는 말이 있어 헷갈리네요.

일단은 분리배출 품목이니 비닐류로 내놓으면 됩니다. 그런데 분리배출이 안 된다는 의견은 왜 나온 걸까요? 비닐 재활용업체 중 플라스틱 재활용 제품을 만드는 곳에서 불만을 제기하기 때문인데요. 비닐을 녹여 물질 재활용 상품을 만들 때 은박지가 녹지 않아 재활용을 방해한다는 이유입니다. 타당한 주장이긴 하나 분리배출 표시가 있는 은박지 포장의 배출을 금지하면 소비자가 혼란스러워져요.

비닐은 대부분 폐기물고형연료로 재활용되는데, 은박지가 일으키는 문제는 적은 편입니다. 그러니 이 상황만 고려해 분리배출을 막긴 어렵죠. 그래도 재활용에 방해 요소가 있다면 찜찜하잖아요.

이 문제는 은박지를 안 쓰는 포장재를 개발하도록 생산자 측에 책임을 넘겨야 합니다. 은박지가 사용된 비닐을 살펴보면 기름에 튀긴 식품에 많이 보이는데요. 산소를 차단해 튀긴 음식의 변질을 막기 위해서입니다. 이 기능을 대신하는 비닐을 개발해야 합니다. 유럽에선 이미 생산자들이 힘을 합쳐 새로운 비닐 포장재를 만들고 있어요.

Pioneer Campaign

영국 포장재 회사 몬디Mondi는 네슬레 펩시 등과 함께 반려동물 습식사료 포장재를 PP 단일 재질로 만드는 방법을 개발하고 있다. 이 사업은 앨런 맥아더 재단이 주도하는 플라스틱 신경제 계획New Plastic Economy initiative의 캠페인으로 진행하고 있다. 다양한 이해관계자가 힘을 합쳐 재활용이 어려운 플라스틱 포장재의 해결 방안을 모색하는 공동연구 사업이다.

화려하고 복잡한 용기가 많아서 분리배출 마크가 있어도 재활용이 될지 의문이에요.

화장품 용기는 생산자책임재활용제도 대상 품목입니다. 겉면에 분리배출 표시가 있다면 분리배출하세요. 소비자가 제품을 살 때 재활용 비용을 부담했다는 뜻이거든요.

생산자에게 재활용 의무를 부과하면 생산자는 재활용 비용을 제품 가격에 포함합니다. 그러니 분리배출 표시가 있는 용기를 종량제봉투에 버리면 우리는 이중 부담을 안는 셈이죠.

사실 화장품 용기는 재활용이 어렵고 까다로운데요. 제품 특성상 복잡한 재질을 사용하기 때문입니다. 게다가 화장품 용기로 사용되는 페트병 중에는 생수나 음료 병과 성분이 달라(G-페트병이라 함) 섞이면 음료 페트병의 재활용을 방해하는 종류도 있습니다. 화장품 용기가 잘 재활용되려면 현재 방식으론 한계가 있어요. 용기만 별도로 모아야 하는데, 여러 플라스틱을 동시에 배출하는 지금 상황에선 따로 골라내기 어렵습니다.

다행히도 국내 화장품 업계의 변화가 조금씩 보이긴 합니다. 한 유명 회사는 판매점을 통해 빈 용기를 모아 재활용하는 사업을 하고 있거든요. 재활용이 어려운 용기 특성에 따라 재활용 체계를 만든 좋은 사례입니다. 화장품 매장이 수거함 역할도 하는, 한 단계 더 나아간 적정 시스템이죠. 이런 움직임을 활성화하려면 용기에 보증금 제도를 적용해야 합니다. 소비자는 화장품 매장에 빈 통을 가져가 보증금을 돌려받고, 생산자는 책임지고 재활용하는 시스템이 필요합니다. 남은 립스틱을 크레파스로 새활용하는 사례도 있는데, 이제 화장품 자체의 새활용도 고민해야 합니다.

23   문구나 완구는 어떻게 버리면 좋을까요?

봉제 인형이나 필기구, 크레파스, 악기 등 재활용이 어려운 것은 종량제 봉투나 대형 쓰레기로 버려야 합니다. 가끔 새 크레파스나 물감을 통째로 내놓기도 하는데요. 재사용이 가능하면 아름다운가게 같은 재사용 매장에 기부하는 편이 좋습니다. 완구 중 딱딱한 플라스틱으로 된 로봇, 자동차, 블록 제품은 플라스틱으로 분리배출하면 재활용이 가능합니다. 단 부피가 큰 자동차나 그네, 미끄럼틀 등은 대형폐기물로 배출해야 합니다.

24   아이스 팩은 어떻게 버려야 하나요?

아이스 팩은 크게 두 종류로 내용물에 따라 처리 방법이 다릅니다.
첫째는 내용물이 합성 고분자물질(이것도 플라스틱)인 경우입니다. 간혹 내용물을 변기에 버리는 분이 있는데, 플라스틱을 변기에 넣으면 안 되겠죠. 바다에 플라스틱을 투척하는 셈이니까요.
한편 내용물을 탈취제 용도로 사용하자는 의견도 있는데 저는 반대합니다. 눈앞의 재활용을 생각하다 오히려 미세플라스틱이 환경에 유출되는 소탐대실의 우를 범할 수 있으니까요.

아이스 팩은 통째로 종량제봉투에 버리거나, 내용물만 종량제봉투로 비닐은 비닐류로 배출하세요. 지자체나 환경단체 혹은 지역 커뮤니티에서 하는 재사용 프로그램이 있다면 적절히 이용하는 방법이 우선이고요.

둘째는 내용물을 물로 채운 친환경 아이스 팩인 경우인데, 팩을 뜯어 물은 버리고 비닐은 비닐류 수거함에 넣습니다. '친환경'을 표방한 종이 아이스 팩도 있는데요. 종이 포장재는 코팅지로 만들어져서 재활용이 쉽지 않습니다. 손으로 찢었을 때 비닐 때문에 잘 찢어지지 않으면 종이가 아니라 쓰레기로 버려야 합니다.

<u>25</u>   **껌이나 알약을 먹고 난 포장재는요?**

손끝으로 톡 눌러 뜯는 껌이나 알약 포장을 압박 포장이라고 하는데요. 이 포장은 현재 PVC 재질을 사용합니다. 부피가 작아 분리배출해도 선별되지 않고 쓰레기로 배출되죠. 이런 쓰레기는 태워서 에너지를 회수하는 시설로 보내 재활용하기도 하는데 PVC 재질이 섞여 있으면 재활용에 방해됩니다. PVC 재질이 끼어들면 염소 함량을 높여 유독가스가 발생하기 때문이죠. 앞에서 언급한 염화수소 말입니다.

분리배출 마크가 있는 압박 포장은 생산자책임재활용제도 대상에 해당하므로 분리배출이 원칙인데요. 하지만 선별도 안 되고 다른 잔재물의 재활용도 방해하니 쓰레기로 배출하기를 권합니다. 생산자책임재활용제도 대상에 잘못 포함된 포장재입니다.

26 옥수수전분으로 만들어 생분해된다는 비닐, 음식물 쓰레기와 함께 분해된다는 싱크대 거름망 비닐 등 생분해성플라스틱이란 타이틀을 건 제품이 많아졌는데 실제로 분해되는 상품인가요?

생분해성플라스틱은 짧은 기간에 최종 분해가 일어나도록 만들어진 플라스틱입니다. 플라스틱도 언젠간 분해되겠죠. 하지만 몇백 년이 걸릴지 아무도 모릅니다. 그래서 생분해성플라스틱은 일반 플라스틱과 달리 주로 분해 기간이 획기적으로 짧다는 점을 내세워 친환경을 부각하는 마케팅을 합니다.

생분해성플라스틱은 58℃ 조건에서 6개월 동안 90% 이상이 분해될 때 인증을 받을 수 있어요. 그런데 자연환경에선 이 조건을 충족하는 곳이 거의 없습니다. 실제로 바다에 버려진 지 10년이 지난 생분해성플라스틱이 여전히 그대로 바다를 떠도는 사례도 있고요.

버릴 때도 문젭니다. 플라스틱으로 내놓으면 다른 플라스틱의 재활용까지 방해해요. 이론적으로는 생분해성플라스틱만 따로 모으면 퇴비로 쓸 순 있으나, 음식물 쓰레기나 낙엽·가축분뇨 등과 퇴비화 조건이 다르거든요. 별도로 전용 퇴비화 시설을 갖춰야 하는데 퇴비로 만들 양을 따로 모으기는 어렵습니다.

싱크대 거름망 비닐은 음식물 쓰레기로 함께 분리배출이 가능하다고 광고하는데 한국환경산업기술원으로부터 그린 워싱Greenwashing(친환경으로 위장해 소비자를 속이는 마케팅) 광고로 제재를 받았습니다.

플라스틱인 척하는 쓰레기

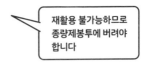

재활용 불가능하므로 종량제봉투에 버려야 합니다

부피가 작은 것들

실리콘 제품

대형 쓰레기로 배출

고무장갑 | 고무줄 | 고무 대야

인형류 말랑한 장난감류

멜라민 수지 제품

안경집

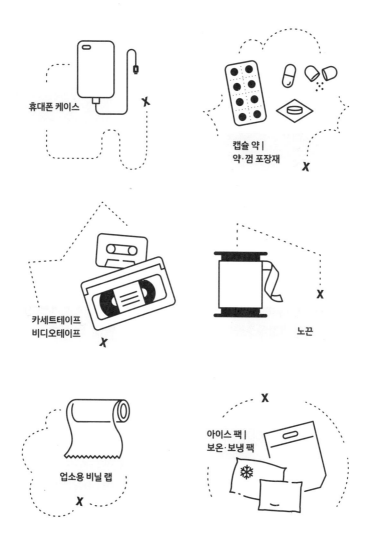

휴대폰 케이스

캡슐 약 |
약·껌 포장재

카세트테이프
비디오테이프

노끈

업소용 비닐 랩

아이스 팩 |
보온·보냉 팩

일회용품

#비닐봉지 #일회용컵 #일회용컵보증금제
#일회용품대체서비스 #일회용포장재 #쓰레기제로매장
#소분가게 #일회용빨대

27 플라스틱 일회용품이 범람하는 일회용
사회, 언제부터 우린 한 번만 쓰는 물건
을 사용하게 된 걸까요?

그야말로 일회용이 필수가 된 요즘입니다. 미국에서 플라스틱 재질의
일회용품이 처음 등장한 1950년대만 해도 사람들은 한 번 쓰고 버리는
걸 낯설어했다고 해요. 그러다 1960년 스티로폼 일회용 커피 컵이 나오
고 이듬해 셀룰로스 섬유로 만든 일회용 기저귀가 출시되면서 일회용품
이 일상에 자리를 잡기 시작합니다.

일회용품 중에서도 우리가 많이 쓰는 비닐봉지는 어디서 시작됐을까
요? 1965년 스웨덴에서 처음 개발된 일회용 비닐봉지는 종이 제조에
드는 나무를 절약하려고 한 번 쓰고 버리는 종이봉투의 대체품으로 만

든 건데요. 아이러니하게도 일회용 비닐봉지는 환경을 보호하려는 생각에서 탄생했습니다.

미국도 1950년대부터 종이봉투 대체품 개발을 계속 시도하다 실패했는데, 기술 문제가 아닌 고정관념 때문이었어요. 종이봉투는 바닥을 평평하게 해서 물건을 담잖아요. 일회용 비닐봉지도 그런 형태로 만들려고 한 거죠. 결국 유사한 모양이 되었으나 종이봉투보다 제작비가 더 드는 바람에 상용화하지 못했습니다.

스웨덴에서 개발한 비닐봉지는 종이봉투 형태에서 벗어나 비닐 두 겹을 겹쳐 만들었어요. 다른 일회용품과 달리 비닐봉지는 유럽에서 먼저 사용되다 미국으로 건너갑니다. 처음엔 사람들이 봉지를 세울 수 없어 불평하긴 했지만, 저렴한 가격 탓에 대형 슈퍼 체인에서 사용되며 1980년대 이후 미국 전역으로 퍼져 나갔죠.

<u>28</u>　**일회용 컵으로 커피를 마시는 문화는 언제 생겼는지 궁금해요.**

일회용 종이컵은 1907년 미국의 한 변호사가 공용 컵의 위생 문제를 해결하기 위해 발명했다고 합니다. 그러다 1918년 스페인 독감이 유행하면서 미국 전역으로 퍼졌는데요. 일회용 컵에 시큰둥하던 사람들이 전염병으로 인해 부쩍 위생에 신경을 쓰게 된 거죠. 이렇듯 전염병과 일회용품은 강력한 동맹을 맺고 있습니다. 세계가 감염으로 들썩일 때마다 일회용품 사용은 쑥쑥 늘어나니까요.

2차 세계대전 후 본격적으로 일회용 플라스틱 용기가 등장했는데, 처음엔 사람들이 일회용기를 버리지 않고 씻어서 계속 사용했다고 합니다. 한 번 쓰고 버리는 문화에 익숙하지 않아서죠.

이 모습에 충격을 받은 플라스틱 업계는 "플라스틱의 미래는 쓰레기통에 있다"고 결의를 다지며, 소비자들이 일회용 플라스틱 용기를 한 번 쓰고 버리는 데 거부감을 갖지 않도록 대대적인 홍보를 펼칩니다.

1960년에는 미국의 한 회사가 스티로폼 일회용 컵을 출시하는데요. 스티로폼은 단열 효과가 뛰어나 뜨거운 커피를 담기에 안성맞춤이었죠. 미국에서 선풍적인 인기를 얻습니다.

그러다 컵 홀더가 등장해 종이컵으로도 뜨거운 음료를 담을 수 있게 되면서 1990년대 이후 서서히 사라집니다. 뜨거운 액체를 담을 때 나오는 환경호르몬 문제도 스티로폼 컵을 기피한 이유가 됐고요.

1964년 세븐일레븐은 뉴욕에서 처음으로 테이크아웃 커피를 판매합니다. 일회용 컵에 담긴 커피를 마시는 문화가 시작된 거죠. 그러다 지금의 컵 뚜껑(내용물을 쏟지 않게 만든)이 개발되는데, 이때가 1984년입니다.

우리나라에선 테이크아웃 커피 매장이 언제 생겼을까요? 국내 최초의 커피 전문점은 1998년 서울 강남역 지하에 오픈한 할리스커피입니다. 뒤이어 1999년 스타벅스 1호점을 필두로 2000년대 들어 여러 브랜드가 앞다퉈 생기면서 일회용 컵 시대가 활짝 열렸어요.

이 중 스타벅스가 이화여대 앞에 1호점을 연 이유를 주목할 만한데요. 길거리에서 커피를 마시는 문화에 익숙지 않은 한국인들이 이 문화에 빨리 적응해야 성공할 수 있다고 판단해 마케팅을 적용한 겁니다. 대학생 특히 서울의 여대생을 공략해, 길거리에서 일회용 컵에 커피를 마시는 문화를 젊고 세련된 문화로 포장한 거죠.

스타벅스의 이런 전략은 많은 시사점을 줍니다. 일회용기를 다회용기로 전환하기 위한 캠페인에 스타벅스의 아이디어를 역으로 활용하면 어떨까요. 다회용 컵이나 용기를 사용하는 문화가 품위 있는 고급문화란 점을 부각하는 겁니다.

그러려면 '텀블러 패션'이 중요한데요. 행사용으로 뿌려지는 싸구려 텀블러는 다회용 사회로 가는 데 오히려 방해됩니다. 취향에 맞는 걸로 직접 골라 오래 쓰는 '반려 텀블러' 문화가 바람직합니다. 셀럽들이 자연스럽게 그런 문화를 즐기는 모습을 소비자들에게 보여주면 더 효과적일 거고요. 이야기가 잠시 샜는데, 낯설게 다가와 어느새 깊이 자리한 일회용 컵 문화에서 얼른 탈출하면 좋겠습니다.

<u>29</u>　**스티로폼 컵 대신 종이컵으로 대체한 이유 중에 환경호르몬 문제도 있다고요? 요즘 나오는 플라스틱 일회용기는 안전한가요? 배달 음식 시키면 뜨거운 음식도 플라스틱 용기에 담겨 오잖아요.**

최근 환경호르몬 없는 플라스틱이라며 홍보하는 제품이 많은데, 마케팅에 현혹되면 안 됩니다. 절대적으로 안전한 플라스틱은 없으니까요. 플라스틱에는 다양한 성질(딱딱함·잘 늘어나거나 휘어짐·여러 색을 입힐 수 있음)을 내기 위한 각종 화학물질이 들어있어요. 그중에서도 환경호르몬

은 유해하다고 알려진 물질입니다. 프탈레이트나 비스페놀A 등이 대표적이죠.

플라스틱에 사용되는 화학물질 중 환경호르몬으로 분류된 건 극히 일부지만, 유해성이 있으나 제대로 검증이 안 된 경우도 있을 거예요. 미국에서는 식품 접촉 가능 물질로 허가받은 화학물질 중 31.3%만 동물실험을 통해 인체 독성 검사를 거친다고 합니다.

식품 포장재에 사용되는 화학물질이 12만 종류이고, 이 중 1만 ~ 3만 개가 포장재를 통해 식품으로 들어갈 수 있다는데요. 실제로 인체 혈액에서 3천 개 이상 검출된 조사 결과도 있고요. 몸에서 플라스틱에 사용되는 화학물질이 하도 많이 검출되자 급기야 "인간도 플라스틱의 일부가 되었다"는 탄식도 나옵니다.

요즘은 뜨거운 음식과 플라스틱이 접촉했을 때 다량의 나노 플라스틱이 음식으로 떨어져 나온다는 연구도 있습니다. 건강을 생각하면 식품 용기로 플라스틱은 피하는 게 좋습니다.

30 플라스틱 일회용 컵은 재활용이 안 된다는데 사실인가요?

플라스틱은 같은 재질끼리 모아야 재활용됩니다. 플라스틱 편에서 여러 번 강조한 얘기죠. 플라스틱 일회용 컵은 종류가 다양합니다. 주로 PET 재질을 사용하지만 PS나 PP 재질도 있습니다. 문제는 모두 투명한 탓에 눈으로 쉽게 구분되지 않아 선별장에서 골라내기 어렵다는 거예요.

그러니 우리가 분리배출하더라도 선별 단계에서 탈락해 쓰레기로 빠집니다.

일회용 컵의 플라스틱 재질을 통일하면 문제가 없을 텐데, 쉽지 않습니다. 현재 PET 재질이 많다고 무조건 단일화를 강요할 수 없거든요. 향후 시장 상황이나 기술 발전이 어떻게 될지도 모르고요. 게다가 플라스틱 컵을 생산하는 업체와 사용하는 매장이 많아 재질을 하나로 줄여도 기준을 관리하기 쉽지 않을 겁니다.

31 일회용 종이컵은 종이니까 당연히 재활용되겠지요?

비닐이 코팅된 종이는 종이 재활용에 바람직하지는 않습니다만, 비닐 코팅양이 적다면 재활용은 가능합니다. 유럽 제지협회 가이드라인에는 비닐 코팅양이 5% 미만이면 폐지로 분리배출해도 된다고 되어 있는데요. 국내에서 한 실험 결과(류정룡 강원대 교수)를 보면 비닐 코팅이 7% 내외인 종이컵도 폐지로 재활용이 가능한 것으로 나왔습니다. 단, 패스트푸드점에서 사용하는 양면이 비닐 코팅된 종이컵은 재활용이 어려워서 쓰레기로 버려야 합니다.

음료가 닿는 안쪽만 비닐 코팅된 종이는 폐지로 재활용이 가능하지만 일반 폐지와 함께 재활용할 경우에는 비닐로 인해 방해가 됩니다. 종이컵은 100% 천연펄프를 사용하므로 따로 모아서 고급 종이 제품으로 재활용하는 것이 바람직합니다.

일회용 컵에 대한 보증금제가 시행된다
는데, 이 제도를 도입하면 어떻게 재활
용이 가능한가요?

일회용 컵 보증금제는 테이크아웃 컵을 판매점에서 반환하게 만든 제도
인데요. 2022년 12월 2일부터 제주도 및 세종시에서 우선 가맹점 수 100
개 이상인 프랜차이즈 커피 전문점, 패스트푸드점, 제과점에서 시행되고
있습니다. 소비자가 음료를 살 때 일회용 컵 하나당 보증금 300원을 내고
빈 컵을 매장이나 반납 기계로 반납하면 돌려받는데요. 일회용 컵(종이컵
포함)에 보증금 부과해서 판매점으로 돌아오게 하는 거죠.

앞서 독일의 사례에서 보듯 길에 버려져도 다른 사람이 주워 반환할 수 있
고요. 일회용 컵이 거리에 뒹굴고 남은 음료가 악취를 풍기는 문제도 다소
해결될 겁니다.

무엇보다 텀블러 사용을 촉진한다는 게 큰 장점이죠. 보통 텀블러 할인이
최대 300원인데 보증금 300원이 붙으면 일회용 컵 음료보다 무려 600원
이 떨어지는 효과가 발생하죠. 소비자가 돌려받지 않은 미반환 보증금까
지 더하면 텀블러 할인이 더 커지겠죠.

재활용 문제도 해결할 수 있습니다. 보증금 대상 컵은 표준 재질(PET)과
디자인(인쇄 최소화)이 적용되기 때문에 보증금 컵을 매장에서 따로 모으
면 고품질 재활용이 가능합니다.

일회용 컵 보증금제도는 2020년 6월 20대 국회 막바지에 겨우 통과되었
는데요. 환경단체와 많은 쓰레기 덕후들이 국회를 대상으로 한 노력 끝에
이뤄낸 결실입니다. 소비자 개개인의 힘은 생각보다 셉니다.

33   장례식장에서 특히 일회용품을 많이 사용하잖아요. 제주 장례식장에서는 일회용품을 안 쓴다는데, 어떻게 이런 문화가 가능할까요?

바람직한 문화죠. 원래 수저와 컵은 일회용품을 사용했는데 제주도와 장례식장이 협의해서 일회용품을 일절 쓰지 않는 친환경 장례식장으로 바뀌었어요. 2016년의 일입니다.

제주에선 일회용기로 음식을 대접하면 예의가 아니라는 인식이 강해 일회용기 사용 문화가 들어오기 어려웠다는데요. 그래서 장례식장들이 그릇을 세척하는 시설을 갖추고 있습니다.

반면 국내 대부분의 장례식장은 조리와 세척 시설이 없습니다. 있는 곳은 10%도 채 안 돼요. 다회용기를 사용하려면 시설 공사가 필요한데 쉽지 않죠. 또 일회용품에 익숙한 이해관계자들(소비자·장례식장 운영자·상조회사 등)을 설득하기도 힘들고요.

그럼 어떻게 해야 할까요? 마냥 손 놓을 순 없으니 계속 두드려야 합니다. 단번에 바꾼단 생각보다는, 상주가 일회용기와 다회용기 중에서 선택할 수 있는 시스템을 만들어 다회용기의 경쟁력을 높여야 일회용기를 확실히 퇴출시킬 수 있습니다.

제주도 사례가 보여주듯 음식을 대접할 때 일회용 식기를 사용하면 예의에 어긋난다는 인식에 주목해야 합니다. 생각해 보면 우리나라 문화에선 일회용기로 손님을 대접하는 방식을 무례하게 여길 만하거든요. 제대로 된 그릇에 담긴 음식은 훨씬 정성이 느껴지잖아요.

편리하고 위생적인 다회용기 사용 시스템을 만들면 경쟁력은 충분합니다. 전문업체에서 그릇을 빌려주고 사용한 용기를 회수해 전문 설비로 세척·소독하면 편리함과 위생 모두 충족되죠.

다회용기 대여·세척 서비스가 잘 자리 잡으면 배달 음식이나 야외 행사나 테이크아웃 커피 전문점 등에도 적용할 수 있을 테고요. 서비스 규모가 커지면 단위비용도 떨어져 경쟁력도 생깁니다.

이 산업은 커질 수밖에 없습니다. 나라 안팎에서 점점 비즈니스 모델이 늘어나고 있거든요. 국내에선 이미 축제나 급식소를 대상으로 서비스를 제공하는 회사가 운영되고 있습니다.

이 사업을 희망하는 청년들도 많은데, 세련된 감각으로 새로운 다회용기 사용 문화를 개척해 나갈 이들이 더 늘어나기를 기대합니다.

정부와 지자체도 환경과 일자리 두 마리 토끼를 잡는 그린뉴딜 사업으로 다회용기 대여·세척 산업을 적극적으로 지원해 주길 바랍니다. 다회용기 비즈니스야말로 일회용품 파도를 막을 강력한 방파제가 될 테니까요.

일회용품 대체 서비스

- **트래쉬버스터스**TRASH BUSTERS
  행사장에 다회용기를 대여하고 세척하는 서비스를 제공한다.
- **뽀득**
  음식점과 급식소를 대상으로 식기를 대여·세척하는 서비스 제공. 장례식장 등으로 서비스 대상 확대를 검토 중이다.
- **클럽제로**CLUBZERØ
  영국 런던에서 카페 대상으로 재사용컵을 대여·세척하는 서비스를 제공한다.

직접 식당에 가서 사 드시오 할 수도 없고 참 난감합니다. 대표적인 음식
배달 앱에 따르면 월 주문량이 2014년 300만 건에서 2023년 약 3000
만 건으로 폭증하고 있답니다. 매년 거의 두 배씩 늘어났어요.

그 결과 당연히 쓰레기 발생량도 증가했습니다. 문제는 업소가 대부분
플라스틱 용기를 쓰고 소비자는 제대로 씻지 않은 용기를 분리배출하는
데 있어요. 더구나 소스 등을 담는 일회용 그릇과 수저는 선별장에 가서
도 골라내기 어렵거든요. 이렇게 부피가 작은 건 재활용품으로 버리지
말아야 합니다.

2023년 2월, 「자원재활용법」 개정에 따라 배달앱에서 의무적으로 '일
회용 수저 안 받기'를 기본 설정하도록 했는데요. 이것만으로는 부족합
니다. 요식업자가 편리하게 이용할 수 있는 다회용기 사용 모델이 필요
합니다.

이 문제도 식기 대여·세척 사업으로 해결할 수 있습니다. 전문 업체가
지역별로 그릇을 걷으면 효율성도 높고요. 같은 아파트 10가구가 각각
음식점 10곳에서 배달을 시키면 수거업체가 한꺼번에 수거해 세척 후
다시 각 음식점에 식기를 빌려주는 체계죠. 꽤 효율적인 방법 아닌가요?

__35__ 일회용품이 위생적이라는 이유로 선호
하는 사람도 많아요.

코로나19 사태 중에 치른 21대 총선에서 우린 일회용 비닐장갑을 끼고 투표했습니다. 카페에서도 한시적으로 일회용 컵 사용이 허용되고 도리어 텀블러 사용을 막은 곳도 있더군요. 일회용품을 사용하면서 소비자에 대한 위생 서비스를 강조하는 기업의 마케팅도 급증했습니다.

물론 신종 바이러스의 출현 주기가 짧아지고 있으니 위생 관리는 중요합니다. 그러나 위생을 강화하는 일이 꼭 일회용품 사용으로 이어질 필요가 있나요. 오히려 일회용품이 늘면 근본적으론 위생 문제가 나빠집니다.

지금과 같은 상황도 지구 환경의 변화 탓 아닌가요? 많은 분들이 일회용을 정답으로 여기는데, 그렇지 않습니다. 사람들은 초강력 흡수제가 오줌을 바로 흡수해 보송보송한 일회용 기저귀나 플라스틱 생수병이 깨끗하다고 생각하는 반면, 기저귀를 오래 착용할수록 세균에 노출되는 시간이 길어지고 일회용 생수병에서 유해 물질이 나올 수 있다는 사실은 잘 모릅니다.

눈에 보이는 느낌이 아닌 실질적인 위생을 바라봐야 합니다. 일회용품 남용으로 자원 채굴량이 많아지고 쓰레기가 증가하면 환경파괴도 가속됩니다. 생태계가 무너져 새로운 세균이 더 빨리 나타나고요. 쓰레기가 제때 처리되지 않고 쌓이면 위생이 직접적으로 위협받습니다.

위생을 위한 기본 단계는 지구 환경을 건강하게 돌보는 행위입니다. 물티슈나 일회용품은 오히려 위생적이지 않은 결과를 낳는 거죠. 코로나19 이후에도 우리는 일회용품을 줄이는 노력을 꾸준히 해야 합니다. 위생을 보는 눈높이가 높아진 만큼 다회용기 관리도 철저히 하고요. 소비자들이 일회용품 없는 위생을 신뢰할 수 있는 시스템을 갖추면서 말입니다.

<u>36</u> 마트에 비닐이나 플라스틱 용기로 포장된 물건이 많은데 이런 포장재 문제도 심각하다고 생각해요. 일회용 포장재를 줄이는 방법은 없나요?

이 질문에 대한 답은 소비자와 생산자 각자의 역할로 풀어보겠습니다. 먼저 소비자가 해야 할 실천은, 용기를 챙겨 필요한 만큼 덜어 사는 겁니다. 이렇게 살 수 있는 곳은 포장재 없는 매장, 벌크 판매 매장, 쓰레기 제로 매장, 제로 웨이스트 숍 등 다양한 이름으로 불려요. 주로 야채·과일·곡물 등 식품과 샴푸·세제 같은 생활용품을 팝니다. 국내에선 작은 덩어리로 나눠 구매하는 가게란 뜻의 **소분**小分 **가게**라고 하죠. 소비자가 일회용 포장재를 피하려면 이런 가게가 전국에 많아져야 합니다.

소분 가게는 국내외 다양한 사례가 있는데, 눈여겨 볼만한 곳은 2014년 선보인 프랑스의 **장 부테**(jeanbouteille.fr)입니다. 이곳은 소분 판매용 제품(샴푸·세제·기름·식초·와인·맥주 등)을 프랑스와 벨기에 곳곳에 위치한 매장에 공급합니다. 소정의 사용료를 받고 가게에 미니 세척기를 대여하고, 가게에서는 소비자에게 표준 용기를 판매하거나 보증금을 받고 빌려줍니다. 소비자를 배려한 섬세한 서비스죠.

일회용 포장재 사용을 줄이기 위해서는 무엇보다 생산단계에서 생산자의 노력이 소비자 실천과 잘 맞물려야 합니다. 좋은 사례로 체코의

미와(miwa.eu) 시스템이 인상적인데요. 제품 생산 공장에서 일정한 크기로 제작된 캡슐에 물품을 담아 유통업체로 넘기고, 소비자는 캡슐과 연동되는 표준 용기를 이용해 구매합니다. 캡슐과 용기에 스마트 기술이 적용되어 용기를 대면 캡슐이 자동 인식해 알맞은 양을 채워줘요. 결제는 앱으로 하고요. 캡슐에 담긴 제품이 다 팔리면 빈 통은 다시 공장에서 세척 후 재사용합니다.

루프(loopstore.com) 시스템도 환상적입니다. 일회용 포장재를 재사용 포장재로 대체한 방식인데요. 소비자가 식료품이나 생활용품을 온라인으로 주문하면 배달해 주고 사용한 빈 용기는 회수해 재사용합니다. 2019년부터 파리와 뉴욕에서 시범 운영하고 있죠. 우리나라만 봐도 온라인 주문이 늘면서 일회용 쓰레기가 엄청나게 증가했잖아요. 루프 시스템은 온라인 주문 방식을 적극 활용하면서 일회용 포장재를 사용하지 않고도 성공한 사례입니다.

생산자가 할 수 있는 일은 또 뭐가 있을까요? 저는 생산자가 플라스틱 용기 대신 세척해서 다시 쓸 수 있는 유리병 사용을 늘렸으면 합니다. 유리병에 보증금을 붙여 판매하고 판매점을 통해 되돌아온 빈 병을 재사용하는 거죠. 현재 우리나라는 소주와 맥주 같은 특정 제품에 한정해 재사용 유리병이 사용되고 있는데, 보증금 대상 제품의 범위를 확대해야 합니다.

그 밖에도 생산단계에서 아예 포장재를 안 쓰는 방법이 있습니다. 국내 한 음료 회사는 라벨을 제거한 페트병 음료를 출시했는데요. 라벨의 재질을 개선하는 대신 아예 없애는 쪽으로 생각을 전환한 거죠. 외국의 어느 화장품 회사는 고형 샴푸를 내놓았는데, 이런 제품이라면 플라스틱 용기가 필요 없습니다.

혁신적인 제품은 더 많아져야 합니다. 생산자의 새로운 발상을 위해선 소비자의 행동이 무척 중요하고요. 잘하는 생산자에겐 칭찬을, 못하는 생산자에겐 '불매'로 혼을 내줘야 합니다. 적극적인 소비자 행동은 기업들을 움직여 서서히 일회용 포장재를 몰아낼 겁니다.

37   소분 가게가 일회용 포장재를 줄일 좋은 방법인 건 알겠는데, 국내에선 찾기 어려워요.

사실 우리나라는 소분 가게가 자리 잡는 데 몇몇 걸림돌이 있습니다. 산지에서 농산물 개별 포장을 고집하는 농민들을 설득하기도 어려울 거고요. 판매자는 재고를 걱정할 겁니다. 이런 상황이지만 우리나라에도 민간 차원의 매장이 하나둘 들어서고 있어서 다행입니다.

서울에는 성수동 **더피커**를 선두로 에너지자립마을로 유명한 상도동 **지구샵**, 지방에선 처음으로 울산 **착해家지구**가 문을 열었습니다. 모두 포장재를 사용하지 않는 곳이죠.

2020년 6월엔 서울 망원시장에서 비닐봉지 안 쓰기 운동을 벌이는 쓰레기 덕후들이 리필 숍 **알맹상점**을 열었어요. 포장재를 쓰지 않는 이곳은 친환경 벌크 상품을 판매하고 재활용품을 모으며 플라스틱 프리 워크숍과 자원순환 교육도 합니다.

몇몇 생협도 포장재를 씌우지 않은 과일과 채소를 늘리고 있는데 아직 자리를 잡은 것 같진 않습니다. 민간의 노력뿐만 아니라 정부나 기업 차원의 지원이 절실한데요. 저는 우선 **쓰레기 제로 매장 지정 제도**를 도입해야 한다고 봅니다.

플라스틱 프리 플랫폼 피프리미 pfree.me

전국의 소분 가게를 소개하고 플라스틱 프리·제로 웨이스트에 관한 정보를 제공한다.

기존의 녹색매장 지정제도(에너지 절약·녹색상품 판매)처럼 쓰레기를 줄이려고 노력하는 곳을 쓰레기 제로 매장으로 정해, 정부와 지자체가 행정적·재정적으로 지원하는 거죠. 전국 매장 지도를 만들어 체계적인 홍보도 하고요. 대형 매장 내 입점을 의무화해서 사람들이 쉽게 접하는 방안도 검토해야 합니다.

무엇보다 기업이 소분 판매가 가능한 대용량 제품을 생산해야 하는데요. 그러려면 매장이 많고 제품 공급이 원활해야 하니 정부의 지원이 필요합니다. 해외 사례처럼 샴푸나 세제, 기름 같은 액상 제품을 취급할 땐 소분 구매용 전문 용기를 판매·대여하는 시스템도 구축해야 하고요. 2023년 개정된 「자원재활용법」은 정부와 지자체의 적극적인 지원으로 쓰레기 제로 매장을 지원할 수 있는 길을 열었습니다. 지자체가 적극 지원함으로써 동네마다 쓰레기 제로 매장이 늘어났으면 좋겠습니다.

38   유럽연합은 2022년부터 일회용 플라스틱 빨대를 금지한다는데 우리나라는 왜 규제하지 않나요? 대신 종이 빨대를

비치한 곳이 요즘 많이 보여요.

다행히 2021년 11월 자원재활용법이 개정되어 2022년 11월 24일부터 매장 내 플라스틱 빨대와 커피 젓는 막대 사용이 금지되었습니다. 일회용 플라스틱 빨대가 논란이 되자 종이나 쌀로 만든 빨대도 나왔는데요. 규제가 시행되면 앞으로 더 다양한 재질의 빨대가 등장하겠죠.

빨대 문제는 관점이 명확해야 합니다. 플라스틱인지 아닌지보다 일회용품 사용 자체가 문제입니다. 즉 불필요한 소비를 줄여 환경오염을 줄이는 일이 우선이죠. 종이라서 괜찮다는 너그러운 마음은 날려 버려야 합니다. 생각해 보세요. 종이 만드는 과정에도 많은 에너지가 쓰이고 오염물질이 나옵니다. 재질 고민에 앞서, 쏟아지는 일회용품을 어떻게 줄일지 성찰하고 소비 습관부터 바꿔야 해요.

일회용품 규제에 종이가 빠진 점도 문제인데요. 일회용 비닐봉지가 금지인 곳에서도 종이봉투는 허용되고 있어요. 종이니까 무조건 괜찮다는 접근은 잘못된 방향이에요. 비닐봉지를 단속하려면 종이봉투도 똑같이 규제해야 합니다. 다행히 종이컵이 규제 대상에 다시 포함되었습니다. (2022년 11월 24일부터 시행) 매장 내에서 종이컵 사용이 금지되는데요. 재질과 관계없이 일회용 규제는 똑같이 강화되어야 합니다.

스티로폼인 척하는 쓰레기

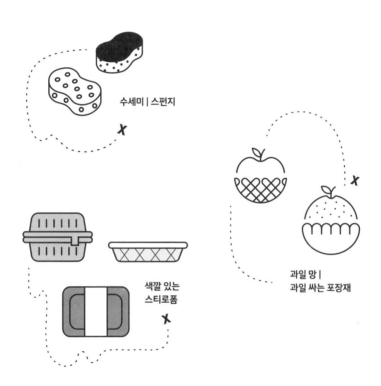

재활용 불가능하므로 종량제봉투에 버려야 합니다

수세미 | 스펀지

과일 망 |
과일 싸는 포장재

색깔 있는
스티로폼

휴대용 방석·돗자리 |
매트 | 요가용 제품

종이 &
종이 같은 것

#폐지 #폐지대란 #코팅지 #우유팩 #종이팩 #종이용기
#감자칩통 #노트 #종이테이프 #영수증 #종이포일
#종이포장지 #일회용기저귀

39 예전에는 종이류를 한꺼번에 버리곤 했어요. 그런데 지금은 종이 박스를 따로 분리하라라네요. 이유가 뭘까요?

우리가 내놓은 종이는 제지 회사로 보내져 종이 박스·신문지·인쇄용지·기타 혼합 폐지로 나뉩니다. 가정에서는 이렇게 세분하기 어려우니 대체로 한 가지 또는 종이 박스와 기타 폐지로 구분해서 배출합니다.

2020년 초에 폐지 대란 위기가 있었는데요. 2018년 중국이 폐지 수입을 막아 미국 등지의 질 좋은 폐지가 국내로 들어오자 제지 회사가 품질이 낮은 국내 폐지(주로 아파트에서 나오는 여러 종류가 섞인 종이)를 기피하면서 생긴 일입니다.

이 때문에 그동안 여러 종이를 혼합 배출하던 아파트에서도 최소 두 종류 이상 구분하는 쪽으로 가고 있고, 비닐 코팅지나 영수증 등 재활용되지 않는 종이는 분리배출하지 못하게 관리를 강화하고 있습니다. 그 전엔 주민들이 한꺼번에 내놓으면 폐지 선별업체가 종류별로 골라내야 했는데 제대로 되지 않았죠. 그러니 제지 회사는 아파트 폐지 품질에 불만이 많았어요.

주택가 상황은 좀 달라요. 종이를 종류별로 배출하는 원칙은 같지만, 폐지 줍는 분들과 고물상이 선별하기 때문에 아파트보단 관리가 잘되는 편이죠. 그래서 제지 회사에선 아파트보다 주택가에서 수집한 종이를 더 선호하는 편입니다.

그런데 왜 종이 박스만 따로 분류할까요? (종이 박스는 정확히 말해 판판한 종이 사이에 굴곡 있는 심이 들어간 누런 골판지를 말함.) 골판지를 만드는 업체가 폐골판지만 원하기 때문인데요. 표백된 흰 종이가 섞여 들어오면 재생이 힘들거든요. 누런 종이를 하얗게 만들 순 있어도 백색 종이를 누렇게 만들긴 어려우니까요. 게다가 재활용이 불가능한 코팅지 등이 섞이면 재활용률도 떨어뜨려요. 그래서 눈으로 명확히 구분되는 골판지와 그 외 나머지로 구분해서 배출하게 하는 겁니다.

40 　폐지 대란이 언제 다시 터질지 모른다는
　　　　말도 있어요. 종이는 재활용이 잘 된다
　　　　는데 왜 이런 문제가 생긴 건가요?

종이니까 재활용이 잘된다는 말은 틀렸습니다. 그동안 문제가 있어도 그냥 넘어갔을 뿐이죠. 이제 정말 '제대로' 버려야 합니다. 앞에서 나온 내용이지만 좀 더 풀어볼게요.

중국의 폐지 수입 금지로 인해 아파트에서 나오는 재활용품 관리가 전반적으로 불안해졌어요. 2018년 이후부터 폐비닐과 플라스틱처럼 유가성이 떨어지는 품목은 언제 수거가 중단될지 불안한 상황입니다.

2020년 상반기에는 폐지 수거 중단설까지 나왔습니다. 자칫 폐지 대란 사태가 발생할 뻔했어요. 미국에선 품질이 나쁜 혼합 폐지를 제지 회사에 돈까지 주며 처리한다는데, 이대로 가면 우리도 언제 그렇게 될지 모릅니다. 전 세계적으로 폐지가 넘쳐나면서 폐지 가격이 내려가고 있거든요. 자연스레 아파트에서 나오는 폐지를 매입하는 수거업체의 수익성도 떨어졌죠. 상황이 이렇다 보니 수거업체는 계속 한숨만 쉬는 상황입니다.

한편 국내 제지 회사는 폐지 품질을 엄격하게 관리할 여유가 생겼어요. 국제적으로 폐지가 넘쳐나니까요. 물량이 부족하면 품질이 나쁘더라도 받지만, 여유가 있으면 거들떠보지 않아요.

고물상에서 들어오는 폐지는 종류별로 잘 선별되어 있고 이물질이 적습니다. 폐지 줍는 이들부터 시작해 관리를 잘하거든요. 반면 아파트에서 배출되는 폐지는 종류 구분 없이 한꺼번에 내놓아 혼합 폐지가 됩니다. 결국 수거업체에서 선별해야 하는데 폐지는 페트병 등과 달리 선별이 어렵습니다. 면적이 넓고 두께가 얇아 손으로 분류하기 쉽지 않아요.

게다가 온라인 쇼핑이 늘어나면서 박스에 칭칭 감긴 비닐 테이프나 운송장 등 폐지에 이물질이 많아졌습니다. 심지어 플라스틱 완충재를 빼지 않고 통째로 버리는 사람도 꽤 되고요. 그러다 보니 제지 회사는 이런 품질이면 받지 않겠다며 아파트 폐지를 대상으로 관리를 강화했고, 수거업체가 폐지 수거를 중단할지도 모른다며 경고한 겁니다.

41 폐지 가격이 내려 폐지 줍는 분들이 힘들어졌다는 기사를 봤는데, 이분들은 종이 박스를 잘 구분해서 모으시잖아요. 그래도 제값을 못 받나요?

제지 회사가 사용하는 양보다 공급되는 양이 많기 때문입니다. 중국이 쓰레기 수입을 금지하면서 중국으로 가지 못한 폐지가 급증했고, 우리나라뿐만 아니라 전 세계로 폐지 공급량이 넘쳐 가격이 하락했으니까요.

우리나라가 연간 사용하는 1천만 t의 폐지 중 8~9백만 t은 국내에서, 1~2백만 t은 미국에서 들어온 건데요. 국제 폐지 값이 내려가 수입량이 늘면 국내 가격도 내려가고 반대 상황이 되면 다시 올라가죠.

2017년부터 국내 폐지 가격은 급등과 급락을 반복하고 있습니다. 폐지 줍는 이가 고물상에 파는 가격은 kg당 2017년 110원에서 2020년 50원 수준으로 떨어졌는데요. 그 후 100원으로 회복했다가 최근 다시 60원 미만으로 하락하고 있습니다.

하루 평균 50kg의 박스를 모을 때 2017년 5,500원을 받았다면 올해는 3,000원도 못 받는다는 말이죠. (다음 표는 폐지 압축 업체가 고물상을 통해 사들이는 가격이니 고물상이 폐지 줍는 이들에게 사는 가격은 여기서 20원을 빼야 함.)

폐골판지(폐박스) 가격 하락폭(kg당)

2020년	63원
2021년	122원
2022년	122원
2023년	77원

*국내 폐지압축업체 매입 가격 기준(2020년 4월까지 평균)

한국보건사회연구원 자료를 보면 폐지를 수집하는 노인은 노인인구의 1%(2020년 기준)입니다. 생계 목적으로 폐지를 줍는 노인이 10만 명 가까이 된다는 사실은 노인복지의 열악한 실태를 보여줍니다. 폐지 가격을 높여 어르신들의 생계를 돕는 시장 상황 탓에 불가능하니 노인복지 정책을 강화하는 방법으로 해결해야 합니다.

쓰레기를 알아가다 보면 사회 전반의 열악한 문제들이 연결되어 있어요. 사람이든 쓰레기든 관심을 가지고 꾸준히 살펴봐야 하는 이유입니다.

42 **종이라면 모두 재활용되는 줄 알았어요. 그런데 코팅 종이는 왜 재활용하기 어렵나요?**

코팅지는 종이 겉면에 비닐 막을 입힌 건데요. 종이의 성질과 재활용 과정을 알면 코팅지의 재활용이 힘든 이유를 알 수 있습니다.

종이는 나무의 셀룰로스 섬유(흔히 '펄프'라고 함)로 만들어요. 셀룰로스는 땅에 뿌리박혀 있는 식물이 스스로 보호하려고 만든 질긴 섬유입니다. 일종의 갑옷을 입은 셈인데, 우리 인간에게도 아주 유용한 물질이에요. 셀룰로스 섬유는 그대로 직물과 종이로 변신하고, 화학물질을 첨가하여 변형하면 레이온 섬유나 담배 필터 등의 플라스틱도 됩니다. 식물의 강인한 생존 의지가 인간의 삶을 단단히 받쳐주는 느낌이죠.

목재 펄프를 이용하기 시작한 19세기 후반 이전에는 면이나 마처럼 다루기 쉬운 식물섬유로 종이를 만들었어요. 고대 이집트에서는 나일강의 수초인 파피루스papyrus로 만든 종이를 사용했는데, 페이퍼paper란 단어가 여기서 유래합니다.

종이는 셀룰로스 섬유가 서로 얇고 평평하게 얽혀있는 구조인데요. 종이를 재활용하려면 얽힌 섬유를 푼 다음 다시 결합해야 하므로 먼저 물에 풀어야 합니다. 이 과정을 해리解離 공정이라고 하는데, 양면이 비닐로 코팅된 종이는 일반 종이에 비해 해리하는 시간이 길거든요. 재활용 공정에서 코팅지가 다 풀릴 때까지 기다릴 수 없어 결국 쓰레기로 소각됩니다. 그러니 양면 비닐 코팅지는 분리배출해도 재활용되지 않는 거죠.

종이에 붙은 비닐 테이프나 은박지도 코팅지와 같은 역할을 합니다. 종이의 재활용을 위해선 이런 이물질을 모두 제거하고 내놓아야 해요. 제거하기 어렵다면 일반 쓰레기로 버려야 하고요. 재활용이 어려운 비닐 코팅 종이인지 여부는 종이를 찢어보고 비닐 때문에 잘 찢어지지 않으면 쓰레기로 배출하면 됩니다. 단면으로 코팅된 비닐은 폐지로 재활용된다 하더라도 종이 섬유 재활용률은 떨어지고, 떨어져 나온 비닐은 쓰레기로 처리해야 하기 때문에 바람직하지 않습니다. 저는 비닐 코팅지는 짝퉁 종이라고 생각해요. 비닐 코팅을 꼭 해야 하는 것이 아니라면 재활용 여부와 상관없이 하지 않는 편이 가장 좋습니다.

43 종이테이프는 굳이 떼지 않아도 된다던데요.

종이 재질이더라도 테이프에 사용된 접착제나 코팅 물질로 인해 재활용이 어렵습니다. 접착제와 코팅 물질 모두 코팅지의 비닐 같은 역할을 하기 때문인데요. 종이테이프가 종이 박스와 같이 재활용되려면, 테이프 자체가 재활용이 가능한 재질 구조여야 하고 테이프에 사용된 접착제가 물과 잘 분리되는 친환경 제품이어야 합니다.

물론 친환경 종이테이프도 있습니다만 우리나라에는 확인할 수 있는 공인 인증 제도가 없어요. 재활용이 가능한 종이테이프인지 소비자가 구분하기 어려우므로 모든 테이프는 박스에서 떼는 것이 원칙이죠. 무엇보다 비닐이든 종이든 박스에 테이프 자체를 사용하지 말아야 하는데요. 테이프 없이 쓸 수 있는 박스를 개발하도록 생산자에게 강력히 요구해야 합니다.

44 우유 팩은 따로 모아서 배출해야 재활용된다는데 왜 그런가요?

우유 팩은 액체를 담는 종이 용기라 양면 모두 비닐로 코팅되어 있습니다. 안쪽을 코팅한 이유는 이해하는데 왜 겉 부분도 코팅하는지 많이들 궁금해하더군요. 우유는 냉장 식품이잖아요. 냉장고에서 우유 팩을 꺼낼 때 결로 현상으로 젖는 표면을 보호하기 위해서입니다.

비닐로 코팅된 종이는 일반 폐지보다 해리 과정이 더 걸린다는 사실, 앞에서 배웠죠? 우유 팩을 일반 폐지와 함께 배출하면 결국 쓰레기가 되니 따로 모으는 겁니다. 우유 팩은 생산자책임재활용제도 대상 품목이라 소비자들이 살 때 재활용 비용을 부담하는데 일반 쓰레기가 되면 억울하잖아요.

따로 모인 우유 팩들은 전용 재활용시설에서 티슈가 됩니다. 우유 팩 종이는 펄프에 가까운 우수한 섬유라 고급 티슈를 만드는 펄프를 대신할 수 있어요. 하지만 안타깝게도 우유 팩 재활용률은 현재 20% 미만에 불과합니다. 소비자들이 열심히 분리배출하지만 종이류에 배출하는 등 잘못된 방법으로 소중한 자원이 낭비되고 있죠.

우유 팩을 배출할 땐 분리수거 마대가 있는 아파트의 경우는 깨끗이 씻어 말린 후 전용 마대에 넣습니다. 어차피 다른 종이 용기와 기타 이물질을 선별하는 과정을 거치므로 펼치지 않아도 됩니다. 단 주민센터나 생협에서 우유 팩을 모으는 경우엔 보관할 때 용이하도록 펼쳐서 내는 편이 낫고요.

요즘 폐지 가격 하락으로 우유 팩을 폐지와 분리해서 수거

우유 팩 모아 휴지로 교환하기

- 주민센터: 지자체마다 담당 부서나 교환해 주는 방식이 다르므로 각 주민센터에 문의. 보통 500ml 30개당 휴지 1개로 교환
- 한살림: 상시적으로 수거 900ml 10개당 2겹 롤휴지 1개로 교환 *멸균 팩도 수거함

당신의 분리배출은 틀렸다

하는 업체가 늘고 있어요. 우유 팩은 재활용 지원금을 받으니 항상 kg당 250~300원 정도의 가격대를 유지하거든요. 폐지 값보다 4배 이상 높아요. 그래도 여전히 수집처가 적은 편이라 무엇보다 제도 개선이 시급합니다.

아파트마다 우유 팩 수거함을 설치하고, 우유를 판매하는 큰 규모의 매장에 의무적으로 팩을 모으는 거점 역할을 맡기는 등 정책도 필요하고요. 주민들이 힘을 합쳐 아파트 대표자회의에 수거함을 요구하고, 지자체나 지방의회에도 아파트 우유 팩 수거함 설치 의무 조례를 만들도록 요청하는 방법도 있습니다. 우유 팩의 재활용률을 높여 질 좋은 자원 낭비를 막아야 해요.

45   주스 팩은 안쪽이 은박지로 코팅되어 있는데 이런 것도 우유 팩과 함께 배출할 수 있나요?

음료를 담는 밀봉된 종이 용기를 통칭 종이 팩이라고 하죠. 종이 팩은 비닐로 코팅한 살균 팩(우유 팩)과 안쪽에 은박지가 붙은 멸균 팩(두유나 주스 팩)으로 나뉘는데, 현재 우리나라는 둘 다 종이 팩으로 분류하고 있습니다. 살균 팩과 멸균 팩은 종이가 주 재질이긴 하나 코팅 비닐이 사용된 비율이 다른데요. 살균 팩은 87:13(펄프:비닐), 멸균 팩은 75:20:5(펄프:비닐:알루미늄)로 재질의 비율과 구조가 달라 펄프의 해리 속도도 차이가 납니다. 더구나 멸균 팩에서 완전히 제거되지 않은 은박지 조각이 화장지에 박히기도 한다며 제지 회사의 불만도 만만치 않아요.

종이 팩은 처음부터 종류별로 따로 모으는 방법도 있지만, 분리배출 품목이 너무 세분되면 관리가 어렵습니다. 소비자가 둘을 완벽히 구분하기도 쉽지 않아 어차피 선별하는 과정이 또 필요하고요. 그러니 지금 상황으로는 모두 종이 팩으로 배출하라는 환경부 지침을 따르는 게 좋습니다. (종이류에 섞이지 않도록 주의) 세밀한 분류는 전문 선별업체에서 하되 생산자가 선별 비용을 지원해야 하고요.

46 일회용 컵이나 팝콘 상자 같은 종이 용기는 어떻게 처리할까요?

음식이나 음료를 담는 안쪽만 비닐 코팅이 되어 있기 때문에 폐지로 배출하더라도 재활용은 가능합니다. 안에 내용물이 남아 있지 않도록 깨끗하게 세척을 한 후 폐지로 배출하면 됩니다. 단, 패스트푸드점에서 사용하는 차가운 음료를 담는 종이컵은 바깥쪽에도 비닐이 코팅되어 있기 때문에 종량제 봉투에 버려야 합니다. 일부 컵라면 용기처럼 바깥쪽에도 종이가 아닌 재질의 플라스틱이 붙어 있는 경우가 있는데요. 이 경우는 쓰레기로 배출해야 합니다.

종이컵 등의 종이 용기는 100% 천연 펄프를 사용하기 때문에 따로 모아 재활용하면 고급 종이 제품으로 나올 수 있습니다. 폐지로 섞어서 버리기 보다는 따로 모아서 선별할 수 있다면 업사이클링을 할 수 있는 거죠. 따라서 단순하게 재활용 되는지 여부만을 따지기 보다는 좀 더 고품질로 재활용할 수 있는 체계를 모색할 필요가 있죠.

고품질로 재활용하려면 종이컵 등의 용기에 대한 재질 개선도 필요해요. 프랜차이즈 카페에서 사용하는 종이컵이나 팝콘 용기처럼 바깥에 강하게 인쇄가 되어 있다면 고품질 재활용에 방해가 됩니다. 인쇄 부분에 대한 크기와 색상을 제한하는 조치가 필요하죠.

카페에서 사용하는 종이컵은 컵 보증금제로 관리가 가능할 텐데요. 컵라면 용기나 아이스크림 용기 같은 경우는 생산자책임재활용제도에 포함시키는 것을 고려할 필요가 있습니다. 종이니까 무조건 재활용이 잘될 거라고 손을 놓아선 안 됩니다. 순환경제로 가기 위해서는 다운 사이클링이 아니라 업사이클링을 할 수 있도록 끊임없이 고민하고 노력해야 합니다.

47 스프링 노트는 어떻게 버려야 하나요?

노트나 책자에 달린 스프링이나 플라스틱은 당연히 제거하고 버려야 합니다. 저는 이런저런 회의에 자주 참석하는데 자료 중 가장 곤란한 형태가 플라스틱 표지에 스프링 제본입니다. 심지어 재활용을 잘하자는 토론회 발표 자료가 이런 경우도 많습니다. 참 아이러니하죠.

얇은 플라스틱 표지는 분리배출해도 선별 작업이 어려워 결국 쓰레기로 남습니다. 그냥 종량제봉투에 버리는 게 나아요. 보고서나 발표문 등 각종 자료를 만들 땐 플라스틱이나 비닐로 코팅된 표지를 사용하지 말아야 합니다. 특히 공공기관은 지침이나 조례로 금지해야 하고요. 기업과

학교에서도 적극적인 실천 운동이 필요합니다.

48 기다란 감자칩 통은 어떻게 버릴지 모르겠어요. 종이류로 버리던데 괜찮나요?

많이들 궁금해하는 문제입니다. 분리배출 퀴즈에도 자주 나와요. 정답은 '쓰레기로 버리기'입니다. 야속한 감자칩! 지금까지 읽은 내용을 되새기며 매의 눈으로 감자칩 통을 살펴보세요. 왜 그런지 눈에 들어올 겁니다. 통 안쪽에 알루미늄이 붙어있죠. 멸균 팩과 유사한 구조입니다. 바닥부분도 마찬가지고요. 일반 폐지와 섞이면 당연히 재활용이 어렵습니다. 그런데 만약 알루미늄을 뗀다면 폐지로 분리배출할 수 있습니다.

49 크레파스나 물감으로 그림을 그린 종이는요?

종량제봉투로 배출하세요. 크레파스나 물감은 재활용 공정에서 이물질로 작용합니다. 탈묵(종이에 사용된 잉크 성분을 제거하는 작업)이나 표백 공정에서 크레파스나 물감, 특히 유화물감은 제거하기 어렵습니다.

50 영수증은 어떻게 버려요?

잘 찢어서 쓰레기로 버리세요. 영수증으로 쓰이는 종이(감열지)는 재활용이 안 되니 증빙용으로 제출할 때 빼곤 아예 발급하지 않는 편이 바람직합니다. 우리나라에서 한 해 영수증으로 사용된 종이 양이 9,358t이나 된다고 해요. 돈으로 환산하면 1031억 원이고 온실가스 배출량으로 보면 2만 t 정도입니다. 종이 영수증을 만들기 위해 12만 그루 이상의 나무를 베어야 하고요. 영수증 한 장이 별거 아닌 것 같지만 환경에 미치는 영향은 어마어마합니다.

종이 영수증 발급에 따른 영향

구분	영수증 1건당	연간 국내 총발생량 기준
발급건수	1건	128.9억 건*
온실가스 배출량	1.776g	22,893t
영수증 발급비용	8원	1,031억 원
원목벌목	0.00001그루	128,900그루
쓰레기 배출량	0.726g	9,358t

(자료 출처: 환경부, 금융감독원)

*2018년 신용·체크 카드 결제로 발행된 종이 영수증 발급량

2019년 정부는 대형 유통사 13곳과 협약을 체결해 종이 영수증을 없애기로 했는데요. 소비자가 영수증을 모바일 앱으로 받을 수 있게 된 거죠. 이런 시스템은 전 매장으로 확대해야 합니다. 소비자도 미리 발급을 거절하는 습관을 지녀야 하고요.

택배 송장, 번호표, 로또 용지, 버스표, 주차권 등도 영수증처럼 재활용

이 어려운 종이라서 쓰레기로 버려야 합니다.

51   종이 포일은 어떻게 버려야 하나요?

종이 포일(흔히 '호일'로 통용되는)은 황산지에 실리콘 코팅 처리를 해서 기능성(내열성, 내유지성, 내수성 등)을 갖춘 특수종이로, 재활용이 되지 않습니다. 무엇보다 사용된 종이 포일은 음식물에 오염됐을 가능성이 높아 종량제봉투에 배출해야 합니다.

치킨이나 피자, 김밥 등을 담는 종이 포장재도 음식물로 심하게 오염되었거나 양면 비닐 코팅이 되어있으면 모두 일반 쓰레기로 버리세요. 요즘 배달 음식이 늘어나면서 이런 종이 포장재 사용량이 증가하고 있는데 종이라고 무조건 종이류로 배출하면 안 됩니다. 음식물이 묻은 신문지도 마찬가지고요. 먹고 남은 뼈를 치킨 상자에 담아 분리배출하는 분도 있는데 재활용 세계의 질서를 어지럽히는 만행입니다.

52   외국에선 일회용 기저귀 속에 든 펄프도 재활용한다고 하는데, 우리나라도 할 수 있는 방법인가요?

일회용 기저귀의 겉은 합성수지고 속은 펄프로, 펄프에 초강력 흡수제가 들어있어 수분을 빨아들입니다. 생리대와 유사한 구조예요. 유럽이나 일본에는 일회용 기저귀를 모아 재활용하는 시설이 있는데요. (병원에서 나오는 기저귀를 재활용함.) 사용하고 난 기저귀를 수거해 파쇄한 후 펄프와 합성수지로 나눠 각각 재활용합니다.

우리나라도 어린이집이나 병원처럼 일회용 기저귀가 대량 배출되는 곳을 대상으로 재활용 체계를 구축해야 합니다. 그동안 병원에서 나온 기저귀는 의료폐기물로 분류되어 무조건 소각했는데, 2019년 개정된 「폐기물관리법」은 감염병 환자가 사용한 기저귀를 제외하곤 일반 쓰레기로 간주합니다.

산부인과나 노인 요양원, 어린이집에서 나오는 일회용 기저귀가 얼마나 많습니까. 모두 모아 자원으로 되살리는 체계를 구축해야 하는데요. 현재 기저귀 회사들이 개당 5.5원의 폐기물 부담금만 납부하고 재활용은 안 하는데, 부담금보다도 재활용 의무를 부과해야 합니다.

53 휴지도 폐지로 배출할 수 있나요?

화장실용 휴지는 물에 잘 풀리는 재질이라 변기에 버려도 됩니다. 단, 코를 풀거나 바닥을 닦는 데 사용한 휴지는 종량제봉투로 가야 해요. 분리배출을 잘 해보려고 코 푼 휴지까지 말려 폐지로 버릴 생각을 하는 분도 있는데, 안 됩니다. 폐지에 휴지가 섞여 있으면 수거 및 선별하는 분들이 확인할 수 없을뿐더러 불쾌감을 유발하니까요.

그 밖에 핸드 타월이나 키친타월은 수분에 강한 화학물질을 첨가한 종이라 폐지와 섞이면 재활용이 어렵습니다. 쓰레기로 버려야 합니다.

종이인 척하는 쓰레기

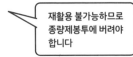

재활용 불가능하므로
종량제봉투에 버려야
합니다

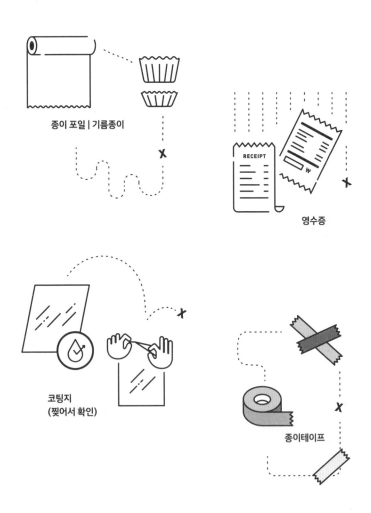

종이 포일 | 기름종이

영수증

코팅지
(찢어서 확인)

종이테이프

휴지

감자칩 통

일회용 기저귀 |
생리대

컵라면 용기 | 일회용 컵 |
팝콘 상자 | 아이스크림 통

유리 &
유리 비슷한 것

#재사용유리병 #빈용기보증금 #유리조각
#기름병 #내열유리 #강화유리 #크리스털유리
#강화내열유리 #거울

54 유리병이 점점 사라지는 것 같아요. 술
병 빼고는 찾기 어려워요. 다 쓴 유리병
은 어떻게 되나요?

유리병은 상태에 따라 재사용하거나 재활용합니다. 씻어서 다시 쓰면
재사용, 녹여서 같은 유리병이나 건축 자재 등으로 사용하면 재활용이
죠. 유리병은 유해 물질이 나오지 않고 세척이 잘되니 반복해서 쓸 수 있
어요. 플라스틱이나 캔이 따라올 수 없는 큰 장점이죠.
재사용을 위해선 깨지지 않은 깔끔한 상태로 공장에 가야 돼요. 그래서
안전하게 운반할 별도의 시스템이 필요해요. 깨끗한 유리병만 재사용되
거든요. 즉 재사용 목적으로 잘 관리되는 병만 재사용하고 그렇지 않은
병은 재활용합니다. 분리배출 표시가 있다면 재활용하는 병으로 보면

돼요.

유리병을 분리배출하면 선별장에서 색깔별(백색, 녹색, 갈색)로 선별됩니다. 선별된 유리병은 재활용업체에서 가루로 파쇄한 후 유리병 만드는 곳에서 다시 유리병으로 탄생합니다. 과거엔 매년 30만 t 이상(재활용률 70% 이상) 재활용했는데, 2015년 이후부턴 재활용률이 떨어지고 있습니다. 와인·양주·화장품 병 중에 백색·녹색·갈색 외엔 다시 병으로 재활용하긴 어렵고, 모래 등의 건축자재로 재활용할 수 있습니다. 이 경우 재활용 비용이 많이 들기 때문에 생산자가 더 많은 재활용 비용을 부담해야 합니다.

55 우리나라에서 재사용되는 유리병은 어떤 종류가 있나요? 모든 유리병이 재사용될 수 있나요?

주로 소주병과 맥주병, 식당용 음료병을 재사용합니다. **빈용기보증금**(이하 '보증금'이라 함)이 붙은 유리병이 바로 재사용 병인데요. 소주나 맥주 같은 주류 유리병 라벨에 표시가 있습니다. 빈 병을 가져오면 병 모양 마크 안에 적힌 보증금(라벨이 없는 음료병은 병목에 표시)을 돌려준다는 뜻이죠.

가게로 회수된 빈 병은 주류나 음료 회사 공장에서 세척 및 살균 과정을 거쳐 재사용합니다. 소주병 등의 밑부분을 보면 긁힌 자국이 있어요. 여러 번 사용한 병이란 표시죠. 이런 자국은 재사용이 남긴 영광의 상처로 봐주세요. 식당에서 판매되는 소주나 국산 맥주는 모두 보증금이 붙은 재사용 유리병입니다만, 안타깝게도 수입 맥주병은 빈 병을 수출국으로 보내기 어려워 재사용이 불가능합니다.

그런데 주류마저도 점점 유리병에서 캔이나 페트병으로 대체되고 있어요. 캔 맥주와 페트병 맥주(가정용) 비율이 높아지는 추세고 소주도 페트병과 종이 팩이 늘고 있습니다. 유리병에 비해 다루기 편해서 소매점이나 소비자가 선호하기 때문이죠. 그래도 다른 음료에 비해 유리병 비율이 높은 편이라 캔과 페트병 공세를 잘 방어하고 있어요. 국내에선 보증금이 붙은 소주와 맥주가 연간 49억 병 정도 판매되고 술병의 98.7%가 재사용되고 있으니까요.

문제는 음료병인데요. 어느 광고에선 북극곰이 유리병에 든 콜라를 마시지만, 현실의 북극곰은 기후변화로 생존을 위협받고 있는 아이러니한 상황입니다. 10년 전만 해도 음식점에서 파는 음료의 80%가 유리병이었는데 이젠 20% 아래로 줄었답니다. 음식점에선 빈 병이 무겁고 보관하기도 번거롭다고 하고, 소비자들도 캔이나 페트병 음료에 대한 거부감이 없다고 하더군요.

아쉽게도 음료의 역사는 재사용 유리병이 서서히 사라지는 과정인데요. 캔과 페트병이 등장하기 전에는 유리병만 사용했습니다. 전 세계 어디서나 유리병 음료를 판매하고 빈 병을 회수해 다시 썼죠. 우리나라도 마찬가지였고요. 그런데 편리성을 이유로 유리병이 점점 사라지는 중입니다. 콜라를 마시는 북극곰을 보면 괜히 마음이 짠해져요. 위기의 북극곰도 그렇지만 언젠가 유리병도 사진으로만 남을까 봐 염려됩니다.

속히 일회용 포장재 규제를 강화하고 재사용 유리병 사용을 확대해야 할 텐데요. 일회용품에 부담금을 부과하거나 재사용 용기를 의무화하는 방법을 고려하면서 말이죠. 한 번 쓰고 버리는 포장재들이 우후죽순 늘어나고 있는데, 정작 살아나야 할 유리병은 왜 자꾸 없어지는 걸까요. 유리병! 부활해야 합니다.

<u>56</u>　　보증금이 붙은 병이 재사용된다고 했는데, 보증금은 왜 붙이나요?

유리병을 재사용하려면 생산 공장(소주·맥주 및 음료 공장)까지 깨지지 않게 운반해야 합니다. 소주나 맥주병을 페트병처럼 분리배출하면 어떻게 될까요. 재활용품 선별장에서 따로 골라내 해당 주류 생산 공장으로 보내겠죠. 그런데 이 방법은 문제가 있습니다.

먼저, 유리병을 차에 싣고 내리며 컨베이어벨트에 올리는 작업 과정에서 아무래도 손상될 위험이 있어요. 선별장은 유리병을 조심조심 다룰 환경이 아니거든요. 금이 가는 등 조금이라도 흠이 생기면 재사용이 안 됩니다. 유리병 입구에 실금이 있으면 기계로 마개를 닫을 때 유리 가루가 침투할 가능성도 있고요. 여러 이유로 유리병 재사용 공장에선 눈에 보이지 않는 실금까지 꼼꼼히 골라냅니다.

위생 문제도 발생할 가능성이 큽니다. 재활용품 선별장 특성상 깨끗하지 않거든요. 선별장에서 골라낸 유리병은 다른 쓰레기와 섞여 이미 오염되어 있다고 봐야 합니다. 물론 재사용 공장에서 여러 차례 세척하고 살균 과정을 거치면서 세척되지 않은 유리병도 골라냅니다. 이렇게 이중 공정으로 위생 관리를 하지만 처음부터 오염 안 된 상태로 들어오는게 최상이에요. 빈 병을 깨끗하고 안전하게 공장으로 가져가는 제일 좋은 방법은 아래와 같은 흐름입니다.

⋯▸ 소비자가 소주나 맥주를 구입한 가게로 병을 가져가면
⋯▸ 가게에서 잘 보관하다가
⋯▸ 업체가 상품을 가게로 입고하고 돌아갈 때 회수하기

첫 번째 단계를 위해선 보증금이 높아야 회수가 잘 될 텐데요. 아무 대가 없이 가게로 가져오라고 하면 재활용품으로 버릴 수 있으니 보증금을 붙여놓고 나중에 찾아가게 하는 거죠.

현재는 소주병에 100원 맥주병에 130원의 보증금이 붙습니다. 2016년까진 소주병 보증금이 40원 맥주병은 50원이었는데요. 소주병 보증금 40원은 믿기 힘들겠지만 20년 전 가격이기도 합니다. 대통령이 네 번 바뀌는 동안 보증금은 그대로였죠.

제가 어렸을 땐 소주병 하나면 아이스크림을 먹을 수 있었는데, 30년이 지난 지금은 한 박스가 있어도 아이스크림 하나를 못 사 먹네요. 보증금이 너무 낮아 판매된 병들을 가게로 돌려받기 위한 보증금제도의 기능이 무의미해졌어요. 법률이 개정되어 2017년에야 보증금이 인상되었으나 100원에 그칩니다.

비록 적은 보증금이지만 빈 병이 나오면 꼭 가게로 가져가시길 바랍니다. 아이가 있는 가정에서는 돌려받은 동전으로 살아있는 환경교육도

할 수 있으니 일석이조 아닐까요.

57   **병 모양이 모두 같아야 재사용이 용이하다는데 왜 그런가요?**

현재 국내에는 10개의 소주 회사가 있는데요. 만약 이들 회사에서 취급하는 병 모양이 제각각이라면, 회사별로 병을 분류해야겠죠. 즉 소비자가 가게에 소주병을 반환하면 가게에서 소주병을 나눠 각 회사로 보내야 하는 겁니다.

만약 여러 회사의 빈 병을 분류하지 않고 보내면 어떤 일이 벌어질까요? 극단적인 상황은 자사 병만 재사용하고 다른 회사의 병은 그냥 깨버리는 겁니다. 번거로움도 피하고 타 업체의 재사용을 방해할 목적으로요.

병을 재사용하면 새 병을 안 사도 되니 원가가 절감됩니다. 재사용할 수 있는 경쟁사의 병을 없애버리면 상대는 결국 그만큼 새 병을 사야 하죠. 모든 회사가 이런 짓을 한다고 생각해 보세요. 병 재사용량이 떨어져 자원을 낭비하는 꼴이 됩니다.

이런 이유로 「자원재활용법」에서는 모두의 이익이 되는 방향으로 용기를 표준화하고 있습니다. 그런데 이 규정이 강제가 아닌 협약 수준이라 한 회사가 딴짓을 하면 제재할 수단이 없다는 게 함정인데요.

실제로 2019년 국내 최대 소주 회사가 규정을 깨고 소주병 재사용 체계에 혼란을 일으켰습니다. 녹색 표준화 병 대신 하늘색 소주병이 나오자 너도나도 다양한 모양의 제품을 출시하기 시작한 거죠.

유리병 재사용을 활성화한다는 본래 취지를 생각하면 용기 표준화를 강제하는 법적 규제가 절실한 상황입니다. 현재도 여전히 표준화 병은 유명무실한 상황이고 점점 나빠지고 있거든요. 소비자가 나서서 소주 회사에 쳐들어가기라도 해야 할까요. 이래저래 우리가 해야 할 일이 많습니다.

58 빈 병을 편의점이나 마트에 가져갈 때 받지 않는다며 거절하면 어떻게 해요?

당황스러운 일이네요. 원래 소비자가 병을 가져가면 가게에서는 무조건 보증금을 돌려줘야 합니다. 파손된 병은 당연히 안 되지만 상태가 온전한 병인데도 거부하면 법률 위반이에요.

「자원재활용법」에서는 빈 병 회수와 보증금 지급을 '소주 등을 판매한 가게의 의무'로 규정하고 있습니다. 위반 시 해당 판매처에 과태료를 300만 원까지 부과할 수 있고요. 빈 병은 해당 제품을 판매하는 곳 어디서나 반납할 수 있습니다. 우리가 판 물건이 아니니 못 받는다는 핑계는 안 통하죠. (소주를 팔지 않는 가게는 없으니 사실상 모든 가게에 반환할 수 있음.)

가게에서 병을 거부한다면 해당 지자체 청소행정과(명칭은 '자원순환과' 등 지자체 따라 다를 수 있음)에 알리세요. 신고 센터(자원순환보증금관리센터 빈용기보증금 상담센터 1522-0082)로 전화해 지자체에 조치를 요청해도 됩니다.

그런데 왜 가게에선 빈 병을 거부할까요? 대부분 대형마트가 아닌 동네 슈퍼나 편의점이 난색을 보이는데요. 장소가 좁고 인력도 부족해서 빈병 관리가 힘들기 때문입니다. 소주나 맥주 회사가 별도로 비용(취급수수료)을 지불합니다만, 가게 입장에선 미미한 수수료를 받으니 취급하지 않는 편이 더 낫다고 여기죠.

힘든 자영업자들이 많아 무조건 소매점에 압박을 가하기도 난감한 상황입니다. 취급수수료를 좀 더 높이거나 빈 병 무인회수기(자판기)와 거점반환센터(빈 병만 전문적으로 받는 곳. 시범 사업 단계로 제주도 10곳 기타 지역 8곳에 설치되어 있음) 늘리기 등 다방면으로 대책이 절실합니다.

59   깨진 유리병은 어떻게 버려야 하나요?

유리 조각을 버릴 때는 반드시 신문지 같은 종이로 두껍게 싸서 봉투 밖으로 삐져나오지 않게 해야 합니다. 그냥 버리면 종량제봉투를 수집하는 청소 노동자가 수거차에 실을 때 유리 조각에 찔려 다칠 수 있으니까요.

만약 식탁 유리 등 큰 유리가 깨지면 양이 많으니 특수 규격 마대를 이용해야 하는데요. 콘크리트나 유리 조각 등을 담아서 배출할 수 있는 쌀자루처럼 생긴 튼튼한 봉투를 주민센터 혹은 종량제봉투 판매점(지자체별로 다름)에서 판매합니다.

깨진 병은 당연히 재사용이 안 되고 재활용도 어렵습니다. 재활용 과정에서 유리병을 녹이니 부서져도 괜찮지 않냐고요? 유리병 재생 원료가 유리병을 파쇄한 것이니 틀린 말은 아닌데요. 재활용하려면 먼저 병을 색깔별로 선별해야 합니다.

깨진 유리병은 재활용품을 싣고 내리는 과정에서 더 많이 부서집니다. 조각난 상태로 컨베이어벨트에 올라가면 색깔별로 골라낼 수 없거든요. 선별 과정에서 작업자들이 재활용품 사이에 섞인 유리 조각에 찔려 다칠 우려도 있고요. 실제로 손이 베이는 일이 비일비재합니다. 재활용도 안 되면서 작업 시 위험도도 높으니 깨진 유리병이 갈 길은 일반 쓰레기밖에 없습니다.

60 **깨진 병은 재사용이 안 된다니 빈 병을 잘 보관하다 내놔야 되겠네요. 소주병은 꼭 마개를 닫아야 한단 얘기도 들었어요.**

맞아요. 가급적 마개를 닫아 내놓으면 좋습니다. 공장에서 술이나 음료를 채운 다음 기계로 뚜껑을 닫기 때문에 병 입구가 훼손되면 곤란하죠. 빈 병을 반환할 때는 꼭 다음 사항을 유념하기 바랍니다.

빈 병에 이물질이 들어가서는 안 됩니다. 특히 흡연자들! 담배꽁초는 절대 넣지 마세요. 페트병 재활용 업계 종사자들이 페트병 재생 원료에서 종종 꽁초가 발견되어 난감하다고 하소연합니다. 페트병보다 더한 경우가 소주병인데, 들어가면 다시 꺼내기도 어렵고 유리병 바닥이 눌어붙어 재사용이 불가능해집니다.

61

기름병은 어떻게 버려야 하나요?

소주병에 참기름 등을 담아 사용하다가 보증금 병으로 반납하는 경우가 꽤 있는데요. 기름병으로 쓴 병은 재사용이 어렵습니다. 모두 재활용품으로 분리배출해야 돼요.

배출할 때도 세제로 병에 남은 기름기를 최대한 제거해야 합니다. 1,000℃가 넘는 용해로에서 녹인 다음 병으로 만들기 때문에 미세한 기름 흔적 정도는 재활용에 큰 지장은 없고요. 눈으로 봐서 기름기가 얼추 제거된 정도면 됩니다.

유리로 된 냄비 뚜껑이나 믹서기 유리는 왜 재활용되지 않나요?

다양한 재질의 플라스틱이 있듯 유리도 소다석회유리, 내열유리, 크리스털유리 등 여러 종류가 있습니다. 제각기 녹는 온도가 달라서 재활용되려면 같은 재질 유리끼리 모아야 해요. 플라스틱처럼 유리 재활용도 '같은 재질끼리!' 바로 이것이 핵심입니다.

가장 흔한 유리는 **소다석회유리**로 유리병·유리컵·유리그릇·판유리에 쓰입니다. 그중 재활용품으로 가장 많이 배출되는 유리병이 재활용 기준이므로 유리병과 같이 버릴 수 있으면 재활용됩니다.

사실 유리병과 유리 제품 중에선 소다석회유리만 재활용된다고 밑줄 긋고 외우면 돼요. 나머지는 양이 적어 선별이 어렵고, 선별하더라도 재활용하는 업체가 없으니 모두 쓰레기로 버립니다.

최근 생활용품으로 많이 나오는 **내열유리**(전자레인지에 돌려도 안전하다고 선전하는 유리 용기와 직화 냄비, 냄비 뚜껑, 믹서기 유리 등에 사용)는 붕규산 유리로 소다석회유리와는 다른 재질입니다. 녹는점이 훨씬 높아 유리병을 녹이는 용해로에선 녹지 않거든요. 이런 유리가 유리병에 섞여 배출되면 유리병을 녹이는 재활용 과정에서 알갱이 상태로 끼여 구멍 난 불량품이 만들어져요. 결국 재활용을 방해하는 거죠.

소다석회유리를 좀 더 강화한 **강화유리**는 유리병과 함께 재활용이 가능해요. 문제는 강화유리와 내열유리 식기는 구분이 어려워 분리배출할 때 판단하기 어렵다는 건데요. 대표적인 브랜드 '락○○' 은 내열유리, '글○○○' 은 강화유리입니다. 그 외에도 여러 회사의 유리 제품이 있는데 상품 설명서로 확인이 어렵다면 제조사에 문의해야 합니다.

고급 유리잔이나 유리공예품에 사용되는 크리스털유리는 재활용되지 않아요. 두꺼운 유리를 반짝반짝 빛이 나게 하기 위해 납이 사용되어 소다석회유리와는 재질이 좀 다릅니다.

앞으로는 유리 종류를 소비자가 분명히 알 수 있게 표면에 표시하고, 내열유리 식기라면 분리배출 표시를 못 하게끔 규제하는 법적 장치가 필요합니다.

강화유리와 내열유리는 분명 다른 재질인데 '강화내열유리'란 표현을 쓰는 업체가 있어요. 분리배출에 혼선을 일으키는 아주 못된 짓인데요. 소비자로 하여금 잘못된 판단을 끌어낼 단어 사용은 전면 금지해야 합니다.

거울은 대체로 유리와 플라스틱, 금속 테두리가 있는 복합 재질로 만드 는데요. 유리 부분은 소다석회유리지만 뒷면에 칠이 돼있어요. 즉 이물 질이 섞인 유리라 쓰레기로 처리해야 합니다.

유리병 수거함에 은근슬쩍 거울을 넣는 분도 있는데 양심을 거울에 비 춰봐야 할 행동이에요. 소형 거울은 종량제봉투에, 대형 거울은 대형 쓰 레기로 배출해야 합니다.

도자기류를 유리병 수거함에 버리는 사람도 꽤 되더군요. 당연히 안 됩 니다. 사기그릇은 흙을 고온에서 구운 거라 유리병 녹이는 온도에선 절 대 안 녹거든요. 내열유리와 마찬가지로 녹지 않는 알갱이로 떠돌며 불 량 유리병에 일조할 뿐입니다. 사기그릇이나 도자기, 화분은 재활용하 는 시설도 없으니 따로 모아 꼭 일반 쓰레기로 버리세요.

재활용을 이해하려면 정말 모든 쓰레기를 꿰뚫는 만물박사가 돼야 할 것 같습니다. 그래도 쓰레기 대란 시대를 헤쳐나가려면 이 정도 상식은 갖춘 녹색 시민이 되어야겠죠? 이 책을 읽고 있는 여러분은 탁월한 선택 을 하신 겁니다.

유리인 척하는 쓰레기

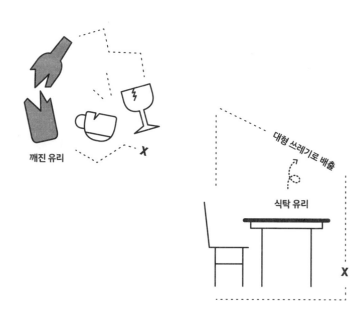

재활용 불가능하므로
신문지 등으로 두껍게
싸서 종량제봉투에
버려야 합니다

깨진 유리

대형 쓰레기로 배출

식탁 유리

사기그릇 |
도자기 | 화분

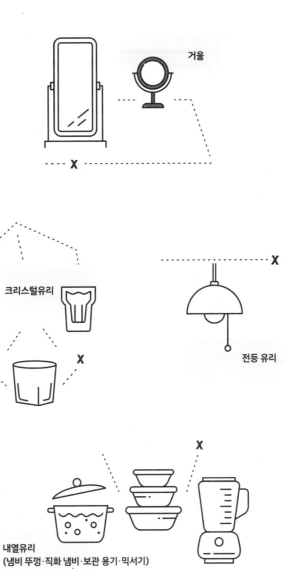

거울

크리스털유리

X

전등 유리

X

내열유리
(냄비 뚜껑·직화 냄비·보관 용기·믹서기)

X

금속 &
금속+플라스틱

#철캔 #알루미늄캔 #도시광산산업 #폐금속자원
#페인트통 #부탄가스통 #알루미늄포일 #우산 #텀블러
#세탁소옷걸이

64   캔은 어떻게 버려야 하나요? 철 캔도 있
고 알루미늄 캔도 있던데 따로 구분해서
버려야 하나요?

통조림 캔·부탄가스 통 등은 철로, 맥주나 음료 캔 등은 알루미늄으로
만듭니다. 이전엔 음료용 캔으로 철을 썼지만 현재는 대부분 알루미늄
으로 바뀌었죠. 우리나라는 철 캔을 연간 약 11만 t, 알루미늄 캔은 약 9
만 t 사용합니다. 철이 알루미늄보다 무겁기 때문에 개수로는 알루미늄
캔이 철 캔보다 3배 정도 많습니다.

우리가 캔을 배출할 땐 재질별로 구분할 필요가 없어요. 선별장에서 철
과 알루미늄을 나누니까요. 철이 자석에 붙는 특성을 이용해 먼저 자석
으로 철 캔을 모으고 남은 알루미늄 캔을 손으로 골라냅니다. 더러는 알

루미늄 캔 선별 기계(와류선별기, 자석의 힘을 이용해서 철이 아닌 캔을 튕겨냄)를 이용하고요. (42~43쪽 그림 참조)

분리배출할 때는 철인지 알루미늄인지 구별하는 것보다 플라스틱 등 이물질이 섞이지 않게 내놓는 것이 중요합니다. 특히 참치 캔 같은 통조림이나 스프레이 통에 플라스틱 뚜껑이 있는데도 꽤 많은 분이 통째로 캔·고철류 수거함에 배출하더군요. 뚜껑은 플라스틱류로 버려야 재활용됩니다.

<u>65</u> 철과 캔 같은 금속류는 어떻게 재활용되나요?

캔을 비롯해 냄비나 칼, 스테인리스 그릇 등 금속 제품은 가정에서 많이 배출하는 품목이죠. 모두 뭉뚱그려 '고철'이라고 하는데, 좀 더 들어가면 철·범용 비철(두루 많이 쓰이는 구리, 납, 아연, 알루미늄 등의 금속)·희토류·귀금속(금, 은, 백금)·희소금속 (희귀한 금속)으로 나눕니다.

금속은 굉장히 중요한 광물자원으로 현대 산업에서 없어선 안 될 원료입니다. 흔히 철은 산업의 쌀, 희소금속과 희토류는 산업의 비타민이라고 하죠.

희토류는 반도체와 배터리 등 첨단산업에 꼭 필요한 물질인데요. 전 세계 희토류를 독점 공급하는 중국이 수출 여부로 미국이나 일본을 압박하는 자원 무기로 활용하기도 했고요. 중국의 한 정치가가 "중동에는 석유가 있지만 중국엔 희토류가 있다"고 큰소리쳤다니 그럴만하죠.

귀금속도 만만치 않습니다. 핸드폰이나 컴퓨터에 없어선 안 될 필수 금속이니까요. 전자제품이나 자동차 부품, 배터리 등에는 다양한 종류의 귀금속과 희소금속이 미량 함유되어 있습니다. 그래서 이런 제품은 먼저 재활용업체에서 해체한 후, 희소금속이 든 부품만 다시 제련소로 보내 다양한 종류의 희소금속을 추출합니다.

금속자원의 사용량은 2000년대 이후 경제성장으로 급증하면서 고갈 위험이 커지고 있는데요. 땅에서 캐는 광물만으론 수요를 감당 못 할 지경이랍니다. 이러다간 지구의 모든 땅을 헤집어 거덜 낼 판입니다.

이런 상황이니 재활용을 통해 필요한 금속자원을 조달하면 아주 바람직하겠죠. 다행히 금속은 녹여서 다시 쓸 수 있습니다. 금속자원을 재활용하는 산업을 **도시 광산 산업**이라고 하는데, 도시에서 버려지는 금속을 활용하자는 의미에서 나온 멋진 용어죠. 우리나라처럼 자원 대부분을 수입에 의존하는 국가일수록 도시 광산을 집중적으로 개발해야 합니다. 그러려면 폐금속 자원 분리배출부터 잘 돼야 하고요.

우리가 금속 물건을 내놓으면 선별장이나 고물상이 고철과 비철을 구분해 제강업체나 제련업체에 보냅니다. 고철은 제강사에서 전기로 녹여 강철(steel, 탄소 함량이 2% 이하인 강한 금속)로, 구리나 알루미늄 등의 비철은 전문 제련소에서 녹여 불순물을 제거 후 다시 순도 높은 비철금속으로 만들어요.

철 캔은 고철을 재활용하는 제강사로 보내는데 대부분 포스코 광양제철소로 갑니다. 포스코에서 철 캔 제조에 사용하는 판을 만들기 때문이죠. 사실 재활용의 관점에서 보면 철 캔은 좋지 않은 고철인데요. 표면이 인쇄되어 있어 재활용을 위해 고철을 녹일 때 잉크가 타며 유해가스와 이

물질이 발생하거든요. 고철을 원료로 사용하는 제강사가 철 캔을 꺼리는 이유입니다.

제강사 중 포스코가 총대를 메는 이유는 철 캔의 원료를 만들어 공급한 책임 때문일 텐데요. 인쇄된 알루미늄 캔도 같은 문제가 있지만 알루미늄은 철보다 가격이 훨씬 높고, 녹여서 재활용하는 중소 업체도 많아 여러 회사에서 재활용되고 있습니다.

66 페인트 통에는 페인트가 남아 있는 경우가 많은데 철 캔 수거함에 넣어도 괜찮은가요?

철 캔 배출의 최대 쟁점은 페인트 통입니다. 가정에서도 페인트 통을 쓰고 버리는 경우가 꽤 있지만 이에 관한 명확한 지침이 없습니다. 페인트 통은 생활계 유해폐기물로 봐야 하거든요.

사실 가정뿐만 아니라 도색 업체 같은 사업장에서도 페인트 통의 재활용 체계를 어떻게 잡을지 큰 문제죠. 철 캔으로 재활용하려면 페인트 제거 공정을 거쳐 깨끗한 캔을 공급해야 하는데, 이 문제는 정부가 풀어야 할 숙제라고 봅니다.

일단 가정에서 내용물이 남은 페인트 통을 버릴 땐 쓰레기로 배출해야 하는데요. 큰 통은 대형폐기물, 작은 통은 종량제봉투로 버립니다. 페인트가 통 안쪽 면에 살짝 묻은 정도라면 캔·고철류로 배출해도 되고요.

67 캔 마개 위의 동그란 고리는 떼고 버려야 할까요?

캔을 쉽게 딸 수 있게 만든 고리는 분리형과 부착형이 있는데 요즘은 거의 부착형만 나옵니다. 고리는 부피가 작아 선별이 어려워 분리형으로 하면 손실이니까요. 금속자원의 재활용률을 높이려고 몸체와 떨어지지 않게 만든 거라 뗄 필요가 없어요.

반면 통조림, 스팸 등 식품용 캔은 뚜껑이 통째로 떨어져 나오는데요. 가장자리가 날카로워 베이는 사고가 날 수 있고 부피가 작아 선별도 어려워요. 이 경우는 뚜껑을 다시 캔 안에 넣고 윗면을 눌러 좁힌 다음 캔·고철로 배출하면 됩니다.

68 부탄가스 통은 구멍을 뚫어서 버리라는데 왜 그래야 하나요?

통에 가스가 남아있을 가능성이 커서 그렇습니다. 잔류 가스로 인해 재활용 과정에서 화재나 폭발 사고가 날 수 있어요. 모기약이나 머리에 뿌리는 스프레이 통도 마찬가진데요. 좀 더 자세히 살펴 볼까요.

캔은 선별 후 압축합니다. 만약 캔 속에 가스가 남아있다면 압축 과정에서 가스가 새어 나와요. 이 가스는 공기보다 무거워 위로 올라가지 않고 바닥에 가라앉습니다. 잔여물이 남은 부탄가스나 스프레이 통을 대량으로 들여와 압축한다면 압축 시설 주변이 가스로 가득 차겠죠.

만약 환기가 안 되는 건물이라면 내부 가스 탓에 화재가 발생할 수 있어요. 그래서 철 캔 압축 시설은 실내에 설치하지 말아야 합니다. 심지어 2015년 포스코 광양제철소에서 폭발 사고가 난 적도 있어요.

이런 이유로 통에 구멍을 뚫어 가스를 제거 후 버리라는 지침이 있었는데, 지금은 개정되어 환기가 잘 되는 곳에서 노즐을 눌러 가스를 뺀 후 배출하도록 합니다.

독일의 철 캔 전문 재활용업체인 레스프레이Respray는 전문적으로 가스를 회수·제거하는 설비를 구축했는데요. 부탄가스나 스프레이 캔을 밀폐된 진공 조건에서 파쇄 후 가스를 제거하고 철과 금속 부분을 재활용합니다. 처리 대상은 페인트 및 광택제 용기, 화장품 또는 살충제 스프레이 캔, 식품 매장의 부탄가스 통, 윤활유가 담긴 캔 등입니다. 우리나라도 이제 가스류가 든 철 캔의 안전관리를 위해 전문적인 설비를 개발해야 합니다.

69 알루미늄 포일을 알루미늄 캔과 같이 버려도 되나요?

알루미늄 재질로 된 것은 선별만 하면 알루미늄으로 재활용할 수 있습니다. 알루미늄 접시나 도시락은 캔·고철로 분리배출하면 됩니다. 알루미늄 포일이 문제죠. 부피가 작아 선별장에서 선별이 어렵거든요. 국내에선 알루미늄 포일은 쓰레기로 배출하라고 되어 있는데요. 미국 등 해외 분리배출 지침을 찾아보니 야구공처럼 뭉쳐서 부피를 크게 한 다음 분리배출하라고 되어 있더군요. 저는 이게 합리적인 지침이라고 봅니다. 알루미늄 포일 종류로 된 것은 모두 뭉칠 수가 있는데요. 초콜릿 포장재나 요구르트 마개 등도 모을 수 있다면 모아서 한꺼번에 뭉치면 됩니다. 흩어지면 죽고 뭉치면 삽니다.

70 텀블러나 우산, 칼처럼 금속과 플라스틱이 섞인 제품은 어떻게 버리면 되나요?

금속 외 물질은 떼어내고 분리배출해야 합니다. 우산을 예로 들어볼게요. 천과 우산대와 살을 분리한 다음 먼저 천을 종량제봉투에 버립니다. 우산대 플라스틱 손잡이도 종량제봉투에 넣어야 하는데 분리하기 어려우면 살과 함께 캔·고철류로 배출하세요.

사실 우산 천은 재활용이 가능합니다만(우산 천으로 텀블러 주머니 같은 새활용 제품을 만든 사례가 있음) 따로 모으는 체계가 없어서 현재는 일반 쓰레기로 처리됩니다.

칼 종류는 대부분 손잡이가 플라스틱이나 나무로 되어있고 분리하기 어려워요. 이렇게 분리가 까다로운 물품은 모두 캔·고철류로 배출하면 됩니다.

텀블러는 좀 더 신경 써야 하는데요. 일단 몸체가 금속이고 뚜껑만 플라스틱이라면, 몸체는 캔·고철류로 배출하고 뚜껑은 종량제봉투에 버리세요. 텀블러 뚜껑은 재질이 다양하고 작아서 선별도 어려운 데다 대부분 내부에 고무 패킹까지 있는 복합 재질이라 재활용이 어려워요.

한편 어떻게 배출해야 할지 애매한 텀블러도 있어요. 안쪽 몸체는 금속, 바깥은 플라스틱인 이중 구조로 된 놈인데요. 이렇게 금속 반 플라스틱 반인 '반반' 텀블러는 재활용이 어렵습니다. 몸체의 금속과 플라스틱을 분리하기도 힘든 데다가 플라스틱 비율이 너무 높기 때문이죠. 이런 텀블러는 처음부터 일반 쓰레기로 버려야 해요.

그나마 주 재질이 금속이고 손잡이 등 일부분만 플라스틱이면 캔·고철류로 내놓는 편이 낫지만 각기 다른 소재가 한 몸이라면 재활용이 어려운 쓰레기일 뿐입니다. 재활용도 안 되는 주제에 화려한 디자인으로 친환경이라며 소비자를 유혹하는 이런 텀블러는 환경에 전혀 도움이 안 돼요. 재활용이 잘 되는 좋은 텀블러(뚜껑과 몸체 모두 스테인리스로 되어있고 플라스틱 사용을 최소화한) 하나면 충분합니다.

71 **세탁소에서 주는 플라스틱으로 싸인 옷걸이는 어떻게 버려야 할까요?**

현재 세탁소 옷걸이는 고철로 분리배출하는 것이 원칙인데요. 피복(옷걸이 철사 위에 씌운 비닐)이 제거되지 않은 상태로 배출된 후 제강사에 들어가 재활용되는 과정을 생각하면 썩 바람직한 내용은 아닙니다.

우리 주변에는 세탁소 옷걸이뿐만 아니라 플라스틱을 비롯한 여러 재질이 붙은 채 버려지는 생활 고철이 아주 많은데요. 생산공정에서 플라스틱이 없는 순수 금속제품을 만드는 것이 가장 좋은 방법이지만, 상황이 어렵다면 차선책으로, 유통과정에서 제강사 반입 전에 플라스틱 등 이물질을 고철에서 분리하는 전문 선별 공정을 반드시 마련해야 합니다.

폐가전제품

#역회수서비스 #무상방문수거서비스 #냉매 #재활용센터
#수리서비스 #소형전자제품 #핸드폰 #이어폰 #충전기
#보조배터리

<u>72</u>   **안 쓰는 가전제품은 어떻게 배출해야 하
나요.**

가전제품이 순환되는 방법은, 중고 판매나 기부로 다른 사람이 쓸 수 있
게 하는 **재사용**과 제품을 분해하여 재생 원료로 이용하는 **재활용**이 있
습니다.

제품이 쓸만하다면 우선 중고품으로 재사용되도록 해야 합니다. 요즘
은 직거래가 활성화되어 부피가 작고 비싼 전자제품은 직접 사고팔죠.
냉장고나 에어컨 등 부피가 큰 제품은 지역별 재활용센터('재사용센터'라
고 해야 옳은데 이름이 잘못 붙여짐)로 보내도 되는데요. 상태와 사용 기간에
따라 돈을 받거나 무상으로 넘길 수 있습니다.

재사용이 어려운 경우에는 적정하게 재활용될 수 있도록 배출해야 합니다. 그럼 어떻게 해야 적정한 배출일까요.

먼저, 새 제품을 살 때 판매업체에 기존 제품 회수를 요청하는 판매자 **역회수 서비스**를 이용하는 방법입니다. 기업이 판매한 제품을 설치하면서 소비

- **공공 재활용센터**
  각 지자체에서 운영하며 청소행정과(자원순환과)에 문의하거나 홈페이지 쓰레기 배출 안내란을 보면 된다. (재활용센터를 운영하지 않는 지자체도 있음.)
- **민간 재활용센터**
  민간에서 상업적으로 운영하며 인터넷에 '○○시·군·구 재활용센터'로 검색하면 된다.

자가 사용하던 가전제품을 가져가는 체제인데요. 신제품을 싣고 온 차량에 실어 가니 효율적인 친환경 수거법이죠. 운반 거리가 짧아지는 만큼 온실가스 배출이 줄어드니까요. 「전자제품 자원순환법」상 판매자 의무인 서비스이므로 당당하게 요구해도 됩니다.

역회수 비용은 물건을 살 때 지불한 금액에 이미 포함되어 있어요. 단 이렇게 배출하려면 기사가 와서 설치하는 냉장고, 세탁기, 텔레비전, 에어컨 등 대형 가전제품이어야 합니다.

다음은 생산자의 **무상방문수거 서비스**를 이용하는 방법인데요. 예약한 날짜에 방문해서 폐가전제품을 수거하니 새 제품을 사지 않고 기존 제품을 버릴 때 유용합니다.

이런 서비스는 시행된 지 오래됐는데도 모르는 분이 많더군요. 생활에 유용한 팁이니 밑줄 쫙 긋고 주변에 널리 알려주세요. 마음껏 아는 척해도 되는 착한 정보니까요.

끝으로 **대형 쓰레기로 배출**하는 방법도 있습니다. 배출 신고를 하고 수

수료를 지불하면 지정된 날짜에 지자체가 수거해 갑니다. 무상방문 수거 서비스를 이용하기 어려울 때 참고하세요.

폐가전 무상방문수거 제품

분류	품목
단일품목	냉장고, 세탁기, 에어컨, TV
세트 품목	전기오븐렌지, 공기청정기, 식기세척기, 식기건조기, 복사기, 자동판매기 러닝머신, 냉온정수기, 전자레인지, 전축(구형 오디오 세트), 데스크탑 PC(본체+모니터)
다량 배출 품목	PC본체, 모니터, 노트북, 오디오(본체·컴포넌트),프린터(레이저·잉크젯) 팩시밀리, 음식물처리기, 전기비데, 전기히터, 연수기, 가습기, 다리미, 선풍기, 믹서기, 청소기, VTR(DVD 포함), 핸드폰 등 소형 가전

*주의점: 다량 배출 품목은 5개 이상만 가능. 물량이 모자라면 이웃과 함께 모아서 낸다.
*폐가전제품 배출예약시스템 www.15990903.or.kr 콜센터 1599-0903

73   냉장고 냉매는 유해 물질이라는데 재활
용 과정에서 제대로 관리가 되나요?

냉장고, 에어컨, 정수기, 자동판매기 같은 전자제품을 '온도 교환 기기' 라고 하는데요. 내부 온도를 떨어뜨리는 대신 열을 밖으로 내보내는 작용을 합니다. 여름에 에어컨을 켜면 실내는 시원해지지만 밖은 더 더워지죠. 실내의 열을 밖으로 내보내니까요.

온도를 교환하려면 냉매란 물질이 필요한데, 이 냉매가 대기 중에 유출되면 오존층 파괴 등 환경문제를 일으킵니다.

냉매 물질은 크게 네 종류(세대로 구분: 1세대·2세대·3세대·4세대)입니다.

그중 환경문제를 유발하는 냉매는 1·2·3세대 물질인데요. 제일 처음 사용된 타입은 염화불화탄소(CFC, 상품명은 '프레온가스')로 온도 교환 효과는 좋으나 온실가스 효과가 이산화탄소보다 수천 배나 높고 오존층을 파괴하는 악질 가스랍니다.

그다음 나온 2·3세대 냉매 물질도 여전히 같은 문제가 있었고요. 4세대에 와서야 그나마 나아졌는데, 오존층을 파괴하지 않고 온실가스 영향도 이산화탄소 수준이라 자연 냉매로 불리죠.

냉매 문제가 심각해지면서 이를 규제하기 위해 1987년 오존층 파괴물질에 관한 몬트리올 의정서(국제환경협약. 우리나라는 1992년에 가입 및 발효)가 채택됩니다.

1세대 냉매 물질은 2010년까지 생산 및 소비가 금지됐고 2세대는 2013년부터 생산량을 동결·감축하고 있는데, 3세대 규제는 이제 막 걸음마 단계입니다. (2016년 몬트리올 의정서가 개정되면서 2024년부터 생산 및 소비를 동결하고 2045년까지 2024년 대비 80% 수준으로 줄여야 함.)

모든 냉매를 4세대 물질로 대체할 때까지 폐가전제품은 재활용 과정에서 냉매가 대기로 유출되지 않도록 철저하게 관리해야 합니다.

폐가전제품을 적정 업체로 보내야 하는 이유

폐가전제품 해체 시 컴프레셔(냉매가 들어있어 온도를 조절하는 역할. 냉장고 뒷면에 까만 공처럼 생긴 부품)를 떼어내는데 이때 냉매 물질이 공기 중으로 유출될 수 있다. 그래서 폐가전제품을 해체하는 재활용 사업장은 반드시 냉매 물질 포집 시설을 갖춰야 한다. 포집한 냉매를 고온에서 대기에 영향을 미치지 않는 물질로 파괴해야 하기 때문이다. 폐가전제품을 역회수나 무상방문수거, 대형폐기물로 배출해야 하는 이유다.
냉매는 허가받은 적정 업체에서 재활용하면 적절히 관리할 수 있다.

74　재활용센터에 전화로 배출 문의를 하다
거절당해 언짢았던 적이 있어요. 매장
분위기도 칙칙해서 이용하고 싶은 생각
도 안 들었고요.

재활용센터는 중고품 판매가 주목적이라 판매 가치가 떨어지는 중고품
은 잘 안 받는데요. 판매 가치를 두고 센터 운영자와 판매자 간 인식 차
이로 문제가 발생하죠. 우리 입장에선 중고지만 멀쩡한데 왜 받지 않나
싶기도 합니다.

이 갈등을 줄이려면 재활용센터가 취급 가능한 중고품의 명확한 기준을
홈페이지에 게시해야 돼요. 예를 들어 가전제품은 사용한 지 5년 이내만
받는다는 식으로 제시하는 거죠. 제품 상태에 따라 재판매가 힘든 물품
은 판매자도 알아야 하니까요.

요즘은 청년층을 중심으로 합리적 소비 바람이 부는 덕에 중고 제품도
인기가 많습니다. 문제는 재활용센터 매장이 워낙 낙후됐다는 건데요.
국내 매장을 보면 가고 싶은 생각이 별로 안 들더군요. 공공이나 민간이
나 모두 영세하고 시설이 낡았습니다.

일본에는 전국 곳곳에 백화점식 중고 매장이 있는데요. 대표적으로 **하
드오프그룹**(hardoff.co.jp)은 종류별(가전·의류·장난감·자동차 부품·액세서
리·도서·주류 등)로 전문 매장과 종합 매장을 두고 있죠. 전국에 매장을 약
900곳이나 운영한다니 동네 구멍가게 수준인 국내에 비하면 대기업이
랄까요. 외관도 깨끗하고 제품 진열도 얼마나 깔끔한지 모릅니다.

스웨덴 에스킬스투나에 있는 **리투나 재사용 갤러리**(retuna.se/hem)도

유명합니다. 놀랍게도 지자체가 설치해 운영한다고 해요. 건물 내 매장 13곳에서 재사용·새활용 제품을 판매하고, 환경교육이나 전시회 같은 행사도 여는데요. 무엇보다 다양한 커뮤니티 모임을 하는 모습이 부럽더군요.

요즘 국내에선 경기침체를 극복하기 위해 뉴딜정책 이야기가 나오고, 특히 환경에 투자하는 그린뉴딜로 가야 한다는 논의도 있죠. 저는 재사용 사업에 적극 투자해서 일자리를 만들고 쓰레기 문제도 해결해야 한다고 주장합니다. **자원순환 뉴딜정책**으로 재활용센터 현대화 사업을 펼치는 겁니다.

정부와 지자체가 적극적으로 투자해, 재활용센터를 다양한 중고 물품이 판매되는 종합 재사용 매장 및 업사이클 체험 공간으로 수준을 높이면 어떨까요. 다행히 서울시에서 이런 목적으로 '리앤업사이클플라자'라는 재활용센터 사업을 추진 중인데, 조만간 전국으로 확대되길 바랍니다.

75   유럽에는 자잘한 고장을 고쳐주는 수리 서비스 카페가 있다고 들었는데 우리나라에도 그런 곳이 있으면 좋겠어요. 부러진 우산처럼 조금만 손보면 쓸 수 있는 걸 버리게 되니 아까워요.

자원순환의 중요성이 대두되면서 수리에 대한 관심도 높아지고 있습니다. 수리·수선은 제품 수명을 연장해 쓰레기 발생량을 줄이는 좋은 방안

입니다. 제가 어렸을 땐 동네마다 수리·수선 가게가 있어서 물건을 고쳐 사용했어요. 조금 고장 났다고 그냥 버리는 건 생각도 못 했죠.

사실 수리나 수선은 재사용보다 더 의미 있습니다. 중국 등 인건비가 낮은 나라가 세계의 공장 역할을 하면서 우리는 물건을 잠깐 쓰다 버리는 행태에 익숙해지고 있어요. 고장 난 전자 제품도 고치기보단 버리고 새로 사죠. 자연스레 수리 문화와 동네 수리 가게는 거의 사라졌습니다. 유럽은 수리 카페 운동을 통해 수리 문화를 되살리고 있는데, 바람직한 흐름입니다. 우리도 이런 움직임을 본받아 제도와 인프라를 정비해야 돼요.

먼저, 정책적으로 생산자가 소비자에게 **수리 서비스**를 제공하도록 규제를 강화해야 합니다. 소비자가 수리 받을 권리 즉 '수리권'을 지켜주는 거죠. 물건이 고장 나면 기업이 교체 가능한 부품과 수리 기술을 민간 수리업체와 공유하게끔 의무를 부과하는 식으로요. 우리나라도 「전자제품 자원순환법」에 가전제품과 자동차 내용이 있지만, 구체적이지 않고 재사용 규정이 미흡해 개선해야 합니다.

다음은, 유럽처럼 주민 커뮤니티 곳곳에 **수리 카페**Repair café가 생겨야 합니다. 수리 카페는 2009년 네덜란드 암스테르담의 한 커뮤니티에서 시작됐는데요. 이곳에서는 주민들이 저마다 고장 난 물건을 가져와 수리할 수 있게 필요한 도구와 방법을 제공합니다. 수리 기술을 가진 자원봉사자가 옆에서 돕고요. 딱히 고칠 물건이 없으면 차를 마시거나 다른 사람의 수리를 도와주기도 해요. 이런 형태의 카페는 매년 폭발적으로 증가하고 있습니다. (현황은 repaircafe.org/en에서 확인)

재사용 및 수리 문화는 우리 소비문화에 조금씩 스며들어야 합니다. 그러

려면 지자체가 나서서 수리·수
선 인프라를 만들어 지원해야
겠죠. 앞에서 재활용센터의 변
신이 필요하다고 했는데, 현대
화 사업을 진행하는 동시에 주
민들의 수리 활동도 추가해야
합니다. 카페에 소속된 전문가
가 마을을 돌며 찾아가는 수리
서비스도 제공하고요. 생각만
해도 즐겁지 않나요?

이와 함께 새로운 수리 산업도
활발해져야 합니다. 반갑게도
최근 청년 기업가를 주축으로
전자제품을 수리하는 전문 업

- **인라이튼**
  배터리 재생을 통해 제품의 기능을
  복구시키는 특화된 서비스 제공. 무선
  청소기, 공기청정기, 커피머신 등
  전자제품을 오래 사용할 수 있게 한다.
- **리페어라이프앤디자인**
  고장 난 유무선 키보드를
  세척·수리하는 서비스 제공.
  잔고장으로 쉽게 버려지는 키보드를
  재생하면 플라스틱 쓰레기를 줄일 수
  있다.
- **에코티앤엘**
  핸드폰 및 배터리를 재생하는 사회적
  기업. 버려진 핸드폰 중 사용 가능한
  핸드폰을 알뜰폰, 선불폰, 중고폰으로
  재생하거나 배터리를 보조배터리로
  되살린다.

체가 하나둘 생기고 있어요. 배터리를 재생하거나 고장 난 키보드를 되살
리는 활동을 위한 정책적인 지원이 필요합니다. 우리는 이런 업체를 열심
히 이용하고 알려야겠죠.

<u>76</u>   USB나 전자담배처럼 부피가 작은 것들
은 어떻게 버려요?

요즘 부피가 아주 작은 전기전자제품이 참 많죠. 한 기기에 여러 기능을

더한 제품도 늘어 분류 기준의 경계가 모호해지고 있습니다. 어쨌거나 부피가 작다면 종량제봉투에 버려야 합니다. 크기 때문에 선별이 어렵다는 건 앞에서 이미 여러 번 나왔죠?

폐전기전자제품은 재활용업체에서 금속류와 플라스틱류로 선별해 재활용됩니다. 해체 시 수작업과 기계를 병행하는데 작은 크기라 대부분 손 대신 기계로 진행해요. (통째로 파쇄 후 기계적 선별공정을 통해 플라스틱, 고철, 비철로 선별함.)

작아도 모을 수만 있다면 재활용이 가능한데 재활용업체는 기피합니다. 재활용으로 나오는 유가물(금속 등 판매 가치가 있는 물질) 판매 수익보다 재활용 비용이 더 드니까요. 그러니 재활용을 위해선 먼저 어떻게 모을지 대책을 세운 다음 비용을 지원해야 합니다.

이렇게 하려면 속히 생산자책임재활용제도 대상으로 지정해야 해요. 폐형광등 수거함처럼 소형 폐전기전자제품을 모으는 전용 박스를 설치하거나 보증금을 매겨 판매점이 회수하는 체계도 구축해야 하고요.

77 이어폰이나 충전기, 전선은 어떻게 할지 막막해요. 겉은 플라스틱이고 속은 구리인데 플라스틱과 금속류 중 어느 쪽에 버려야 할까요?

「폐기물관리법」에 따르면 사업장에서 배출되는 전선류는 플라스틱으로 분류합니다. 그런데 가정에서 나오는 전선류는 따로 규정이 없습니다.

전선은 속에 구리가 들어있어 모으기만 하면 재활용이 돼요. 전선 피복을 벗겨(플라스틱 재활용업체로 보내 재활용) 구리만 제련업체에 파는 재활용업체도 많고요.

이어폰도 재활용이 가능한데요. 가정에서 소량으로 발생하는 이어폰을 어떻게 한데 모을지가 관건이죠. 재활용품 선별장에 보낸다고 해도 부피가 작아 골라내기 어렵고, 컨베이어벨트에 끼어 기계가 고장날 수도 있습니다.

공식 지침이 없는 지금 이어폰 등의 전선류는 아깝지만 쓰레기로 버릴 수밖에 없는데요. 단, 핸드폰 충전기의 경우 폐전기전자제품을 회수하여 재활용하는 **나눔폰**을 이용해 보세요.

한편 현재 소형 전자제품 수거함 설치 시범 사업이 진행 중인데요. 집 주변에 설치된다면 이곳을 적극 활용하세요.

나눔폰

폐휴대폰 기기의 자원재활용을 위해 한국전자제품자원순환공제조합에서 운영하는 휴대폰 수거 서비스.
수거된 휴대폰은 파쇄 처리하므로 개인정보 유출 우려가 없다.
수익금은 초록우산어린이재단에 기부된다. (2020년 기준)
* 착불 택배·기부금 영수증 가능

78   핸드폰과 보조배터리는 각각 어떻게 버려요?

안 쓰는 핸드폰은 대리점에 반납하거나 대리점에 설치된 폐휴대폰 수거함에 배출하고, 나눔폰이나 무상방문수거 서비스를 이용할 때 함께 보내도 됩니다.

보조배터리는 폐건전지 분리배출 체계로 재활용이 가능해요. 즉 폐건전지 수거함에 버리면 됩니다. 생산자책임재활용제도 대상이 아니라서 폐건전지 재활용업체에서는 불만을 토로하기도 하는데요. 이 문제를 해결하기 위해서는 보조배터리도 대상 품목으로 지정되어야 합니다.

간혹 보조배터리를 플라스틱류 수거함에 버리기도 하는데 위험한 일입니다. 핸드폰 배터리나 보조배터리 모두 리튬전지인데요. 리튬전지는 충격을 받으면 폭발이나 화재가 발생하거든요. 플라스틱 재활용업체로 들어가면 재활용 공정에서 불이 날 수 있습니다.

전등 & 건전지

#형광등 #LED등 #백열전구 #건전지 #수은전지

<u>79</u> **형광등은 수은이 들어간 유해 쓰레기라**
고 하던데 어떻게 처리해야 할까요?

누군가 신문지로 싼 형광등을 발로 밟아 깨뜨린 후 종량제봉투에 넣는
다기에 놀란 적이 있어요. 정말로 큰일 납니다. 건강을 해칠뿐더러 주변
에도 피해를 줍니다. 형광등에는 가스 형태의 수은이 들어있어 깨지면
직접 가스를 접하게 되거든요. 이런 위험성이 있으니 수명이 다 된 형광
등은 그대로 형광등 수거함에 넣어야 합니다.
'미나마타병' 들어본 적 있죠? 대규모 수은 중독으로 유명한 사건인데
요. 일본 미나마타의 비료 공장이 수은이 섞인 폐수를 바다에 버리는 바
람에 수은이 함유된 어패류를 섭취한 주민들이 집단으로 수은에 중독된
사건입니다. 신경계통에 치명적 손상을 입히는 병이라 약 2천 명이 사지

마비 등으로 고생하다 사망했
죠. 수은 중독으로 태어나 평
생을 고통스러워한 이도 있고
요. 이 일로 수은이 얼마나 위
험한 중금속인지 전 세계가 알
게 되었습니다.

우리나라는 2004년부터 폐형
광등을 생산자책임재활용제

미나마타 협약

수은 문제에 대응하기 위해 2013년
일본에서 체결된 국제협약.
2017년 8월 발효되었다.
우리나라는 2014년 협약에 서명한 후
2019년 11월 국회 비준 후 2020년 2월
발효되었다.
협약에 따라 8가지 수은이 사용된 제품의
제조와 수출입이 금지된다.

도 대상으로 지정하여 분리수거와 재활용을 하고 있어요. 아파트 단지
및 주민지원센터에 수거함을 설치해 주민들이 폐형광등을 원형 그대로
배출하게 합니다. (폐형광등 분리배출함 위치 확인은 각 지역 주민지원센터에
문의. 대량 처리 시 배출자가 운반비를 지불하고 직접 처리해야 함. 한국조명재활
용사업공제조합 www.klrc.or.kr 참조)

형광등뿐만 아니라 가로등에 사용되는 고압나트륨등에도 수은가스가
들어 있지만 관리의 사각지대에 있어요. 가로등도 생산자책임재활용제
도에 포함시켜 생산자가 책임지고 안전하게 관리해야 합니다.

      80   **형광등은 어떻게 재활용되는지 궁금
해요.**

우리가 수거함에 넣은 형광등은 지자체가 수집해 권역별 폐형광등 재활
용업체(권역별로 총 3곳: 인천·충주·경주)로 보냅니다. 재활용업체는 형광

등을 파쇄 후 유리, 금속, 플라스틱으로 나눠 재질별로 처리하고요. 형광등 속 수은은 파쇄할 때 나오는 가스와 유리에 묻어 잔류하는 형태로 구분되는데요. 전자는 활성탄(미세 숯가루)을 사용해 바로 모으고 후자는 유리를 가열해 가스를 날린 후 포집합니다.

잔류 수은이 제거된 유리는 같은 재질인 유리로 재활용할 수 있어요. 모든 과정을 거친 뒤에도 수은이 없어지지 않을 땐 유해폐기물로 처리해야 하고요. 폐형광등은 재활용 공정으로 나오는 유가물이 거의 없어 생산자가 작업 비용을 부담합니다.

81 LED등도 형광등 배출하는 곳에 버리면 되나요?

LED등은 수은 같은 유해 물질이 없고 에너지 효율이 높아 2011년 이후 공동주택을 중심으로 사용이 급격히 증가하고 있습니다. LED등을 반영구적으로 사용 가능하다며 홍보하는 곳도 있는데요. 생산업체는 수명을 최대 약 5만 시간으로 규정하고 있어(전원공급장치 보증기간은 3~5년) 설치 후 5년이 지나면 서서히 폐기물로 버릴 준비를 해야 합니다.

무해하다고 알려진 LED등에도 반도체화합물의 종류에 따라 비소 같은 유해 물질이 사용되고 있어 별도로 수거해야 한다는 지적이 계속 나옵니다.

그럼 어떻게 처리해야 할까요? 현재 분리배출 지침은 신문지로 두껍게 싸서 종량제봉투에 버리는 건데, 많은 분들이 형광등처럼 폐형광등 수거함에 넣고 있어요.

다행히 환경부는 LED등을 생산자책임재활용 대상 품목으로 추가 지정해서 2023년부터 적용합니다. 이렇게 되면 생산자가 재활용 비용을 부담하게

LED 등은 전력소비량이 백열등의 20%, 형광등의 50%에 불과하다. 수명은 3만 ~ 5만 시간으로 하루 10시간 사용 시 10년 동안 쓸 수 있다. 백열전구의 50배 이상, 형광등의 6배 이상 수명이 길다.

*출처: 한국에너지공단 블로그

되니까 본격적으로 폐형광등과 같이 수거해 재활용하는 체계가 구축될 겁니다.

2023년부터는 LED등도 분리배출 대상 품목이 되는데요. 실제 재활용품을 수거하는 주체는 지자체이기 때문에 지자체별 시행 시기는 달라질 수 있습니다. 2022년까지는 LED등은 일반 쓰레기로 배출하고, 2023년부터는 해당 지자체 지침을 보고 분리배출 여부를 결정하면 됩니다.

82 　백열전구는 어떻게 버리나요?

신문지로 여러 겹 감싸 일반 쓰레기로 버리면 됩니다. LED등처럼 폐형광등 수거함에 버리거나 유리 재질로 착각해 유리병과 함께 버리는 분이 있는데 모두 잘못된 배출 방법입니다.

현재 백열등을 재활용하는 곳이 없어요. 특별히 관리가 필요한 유해 물질이나 재활용 가치가 있는 유가물이 거의 없어 생산자책임재활용제도 대상 품목도 아니고요. 막연한 생각으로 분리배출하면 폐형광등이나 유리병 재활용업체의 쓰레기 처리 비용만 증가시킵니다.

83   건전지는 어디에 버려야 할까요?

따로 모아 폐건전지 수거함에 넣으면 됩니다. 이 수거함은 대개 폐형광등 수거함과 한 세트로 되어있는데요. 폐형광등 수거함 하단을 보면 폐건전지를 모으는 통이 있습니다. (위치 확인은 주민자치센터에 문의)

건전지도 형광등과 마찬가지로 지자체가 수거해 재활용업체로 보내면 생산자가 비용을 지원해 재활용합니다. 재활용업체는 폐건전지를 파쇄한 후 안에 든 니켈, 카드뮴, 망간, 아연 등의 금속을 회수하죠.

시계용 건전지는 시계 판매점을 통하는 방법이 가장 좋습니다. 전지를 판매점에서 교체하면 여기서 다 쓴 건전지를 모아 재활용업체로 보내거든요. 시계에 사용되는 건전지는 은이 들어있는 전지(산화은전지)라 높은 가격에 거래됩니다.

요즘은 값싼 시계도 많고 핸드폰으로 시간을 보니 시계 약이 떨어져도 집에 방치하는 경우가 많죠. 사용하지 않더라도 꼭 시계 판매점을 통해 배출하길 바랍니다.

84   건전지에 수은이 들어있다는데, 모든 건전지에 다 들어 있나요? 특별히 조심해야 할 종류가 있는지 궁금해요.

건전지가 수은의 대명사라는 건 사실일까요? 그렇지 않습니다. 수은이 있는 종류는 찾기 어려운데요. 그런데도 우린 건전지 하면 일단 수은을 떠올리는데, 환경 관련 교육에서 수은이 든 대표적인 제품으로 건전지를 자주 언급하기 때문입니다.

우리가 가장 많이 쓰는 알카라인 건전지와 망간 건전지는 '무수은'입니다. 무려 30년 전부터 사용해 왔죠. 우리나라는 두 건전지 모두 수은 함량 기준을 1ppm 이하(0.0001%)로 관리하고 있어 사실상 수은이 없다고 봐도 됩니다. 한편 단추 모양 건전지를 오해하는 분들도 있는데, 단추처럼 생긴 모든 건전지에 수은이 들어있지는 않아요.

흔히 아는 건전지 중 수은이 든 건 두 종류, 시계용과 보청기용인데요. 시계 중에선 주로 예전 모델에 수은이 사용되었어요. 그런데 제품별 회사별로 서서히 바뀌어 획일적으로 연도를 가르기 어렵습니다. 그러니 시계 건전지를 버릴 땐 반드시 판매점을 이용하세요.

수은 관리를 위해 가장 신경 써야 할 건전지는 보청기용입니다. 보청기에 쓰는 공기 아연 전지에는 수은이 많이 함유되어 있으나 생산자책임재활용제도 품목이 아니라서 재활용이 안 되는 상황이죠. 사용자를 대상으로 한 관리 체계(건전지를 따로 모으는)도 없고, 어떻게 버리는지 관찰해온 실태조사도 없는 사각지대에 있습니다.

이처럼 부피가 작고 유해 물질도 함유한 건전지는 일상적인 배출 방법으론 수거와 재활용이 어려운데요. 이런 제품이야말로 고가의 보증금을 부과해 판매점에서 회수해야 합니다.

재활용 기술과 시설도 없는데 모으기만 해서 어떡하냐고요? 이런 폐기물은 일단 모아서 보관해야 합니다. 플라스틱처럼 아주 큰 보관창고가 필요한 것도 아니니까요. 우선 아무렇게나 버려지는 상황을 막은 다음 뒷일을 생각해도 됩니다.

의류

85 패스트패션이 유행하면서 옷을 쉽게
사고 버리잖아요. 환경보호 측면에서
입지 않는 옷은 어떻게 처리해야 좋을
까요?

패스트패션의 영향으로 소비 속도가 빨라지면서 집마다 쟁여놓고 안 입
는 옷들이 많아졌죠. 오래 방치된 옷은 또 다른 주인을 찾아주는 게 가장
좋습니다. 재사용은 자원을 순환시키는 가장 좋은 방법이니까요.
재사용을 위한 적극적인 방법은 비영리기관에서 운영하는 곳에 기부하
는 건데요. 전국 단위로 운영하는 아름다운가게 외에도, 굿윌스토어·구
세군 희망나누미·기아대책 행복한나눔·녹색가게·자활가게·되살림가
게 등 여러 단체가 있습니다.

아름다운가게의 자료에 따르면, 수도권 지역에서 매장에 중고품을 기증하는 가정은 2%에 불과해 아직 기부 문화가 활성화되진 않은 듯합니다. 나눔 장터도 이용해 보길 권해요. 지자체나 복지관, 환경단체, 학교에서 다양하게 열리거든요. 용돈에 목마른 중학생 제 딸도 안 쓰는 물건을 챙겨 가서 꽤 짭짤한 수익을 올리더군요. 물건을 순환시키는 일은 환경보호 활동이니 교육적으로도 바람직하죠.

86 중고의류를 판매하는 구제 가게에는 어떤 경로로 옷이 가나요?

'구제'라는 말은 한국전쟁 전후 미국 등지에서 온 구호 물품에서 유래합니다. 구호 물품 일부가 시장에 풀리면서 이것을 판매하는 곳을 구제 가게라고 불렀죠. 구제 가게엔 먼 옛날 힘들었던 시절이 녹아있습니다만, 이제는 쓰레기로 버려지는 옷을 '구제해 주는' 매장으로 해석해도 될 것 같습니다.

구제 가게에는 미국이나 일본 등지에서 들어온 것뿐만 아니라 국내에서 수거한 중고의류도 유통되고 있는데요. 중고의류를 판매하는 민간 매장이 통칭 구제 가게라면, 품질 좋은 고가의 중고품을 파는 가게는 빈티지 매장이라고 부릅니다. 브랜드 가치가 있는 물건을 다루는 곳이죠.

중고 시장은 다양한 형태로 활발하게 형성될 필요가 있습니다. 요즘 이 분야에 청년들이 뛰어들어 창업하는 사례가 점차 늘고 있어요. 자원순환과 일자리와 돈을 동시에 잡는 유망 아이템이거든요. 대학가의 중고품 판매 행사에서 시작해 현재 여러 매장을 운영 중인 **마켓인유**가 대표적인데요. 회원제 시스템으로 회원들에게서 중고 의류부터 각종 생활용품을 매입해 판매하죠. 중고 물품 시장에 더 많은 청년이 함께하기를 바랍니다.

> 87   중고의류 얘기가 나오니까 동네에 있는 의류 수거함이 생각나네요. 옷 중에서도 수거함에 버리면 안 되는 종류가 따로 있다던데 어떤 품목이 금지되어 있나요?

우리나라 분리배출 지침상 의류와 원단류는 의류 수거함(아파트) 혹은 마대 등에 담아 집 앞(주택)에 내놓게 돼있어요. 이 규정만으론 배출 금지 품목이 뭔지 잘 모르겠죠?

수거함에 모인 의류는 대부분 선별 작업을 거쳐 수출됩니다. 그러니 입을 수 없는 옷을 넣으면 안 돼요. 상태가 양호한 신발이나 구두, 가방은 당연히 되고요. 찢어졌거나 보풀이 심한 옷, 음식물이나 페인트 얼룩에 손상된 옷 등 누가 봐도 낡은 물품은 내놓지 말아야 합니다. 속옷과 이불, 베개 등 침구류도 금지 품목입니다.

속옷이나 침구류는 왜 금지될까요? 한번 생각해 보세요. 위생을 고려해야 할 품목인데 누군가의 속옷을, 베개를 쓰고 싶을까요? 괜찮은 상태일지라도 종량제봉투에 넣길 바랍니다. 그 외 부피가 큰 이불, 방석, 커튼,

카펫은 대형 쓰레기로 배출해야 하고요.

의류함에는 별의별 게 다 들어있다고 합니다. 공자님 말씀에 "기소불욕물시어인己所不欲勿施於人", 즉 자기가 하고 싶지 않은 일을 남에게 시키지 말라는 내용이 있어요. 누가 봐도 안 쓰고 싶은 물건, 못 입는 옷을 수거함에다 쑤셔 넣어 양심을 안드로메다로 보내면 안 됩니다.

88 아파트나 주택가 골목에 있는 의류 수거함에 버린 옷들은 어디로 가나요?

아파트 의류 수거함에 담긴 옷은 아파트 측과 계약한 업체가 돈을 내고 수거합니다. 주택가 수거함은 민간 업자들이 설치한 거라 이들이 무상으로 수거해 가고요.

주택가 수거함은 명목상 장애인 단체 등이 설치한다고 하지만 실제론 명의만 빌린 사례가 많답니다. 대부분 허가 없이 설치된 경우라 지자체가 골치를 앓고 있는데요. 수거함 주변이 쓰레기 불법투기의 온상이 되었거든요. 전봇대 근처 의류 수거함 주변에 수북이 쌓인 쓰레기는 주택가 골목에서 전형적으로 보이는 곱지 않은 풍경입니다.

의류 수거함에 대한 민원이 들어가면 지자체가 조치하기도 하는데 그때뿐이에요. 사유재산이라 압류만 가능하고 처분할 순 없거든요. 사업자가 과태료를 물면서도 다시 설치하는 일이 반복되는 이유죠. 한때 지자체별로 수거함 디자인을 통일하거나 의류 수거업체와 협약을 체결하는 등 양성화 시도가 있었으나 해결책은 나오지 않았어요. 정부와 지자체가 풀어야 할 과제입니다.

한편 수거된 옷은 의류 선별장에 판매되는데 상태나 양에 따라 보통 kg당 300~400원(아파트에서 나오는 의류 양은 종이의 1/10 수준이나 판매가는 종이보다 5~6배 이상 높음)에 거래됩니다. 의류 선별장에서는 의류를 종류·사이즈별로 분류해 외국으로 수출해요. 좋은 옷들은 국내 재사용 가게로도 가는데 국내 유통량은 그리 많지 않습니다.

여름옷은 아프리카나 동남아시아 겨울옷은 중앙아시아 쪽이 주요 시장이고요. 수출이 어려운 옷들은 국내에서 저급 섬유제품으로 재활용(면제품은 기계나 자동차, 선박 등을 닦는 공업용 걸레로 만들어 유통하거나 수출)되거나 쓰레기로 처리합니다.

중고의류에 관해서는 두 가지 쟁점이 있어요. 먼저, 코로나19 사태 이후 동남아 등지에서 중고의류 수입을 금지하는 바람에 국내 폐의류 가격이 폭락한 문제입니다. 의류 수거함에 모이는 양은 연간 20~30만 t으로 추정되는데 수입 금지가 장기화되면 폐의류 대란이 발생할 수도 있습니다. 외국에 의존하는 시스템의 한계이자 장기적으로 국내 재사용 체계를 굳혀야 할 이유죠. 정부와 지자체가 중고의류 재사용 매장 지원을 강화해 동네 단위로 매장을 늘리고, 주민들이 중고품을 손쉽게 기부할 수 있게 적극적으로 홍보해야 합니다.

다음은 동남아시아나 아프리카 현지에서 나오는 비판인데요. 선진국에서 물밀듯이 몰리는 중고의류로 현지 의류산업이 붕괴하고 있다는 겁니다. 선진국은 아프리카에 구호품을 보낸다는 인식인데, 그보다는 현지 상황을 고려해 산업적 자생력을 갖추게 해야 한다는 거죠. 이런 현지인의 시각은 우리에게 많은 시사점을 던집니다.

음식물 쓰레기 &
폐의약품

#음식물건조기 #생분해비닐봉투
#음식물쓰레기종량제 #음식물쓰레기처리기
#퇴비화 #음식물쓰레기재활용 #폐식용유
#폐의약품

89 음식물 쓰레기는 분류가 너무 복잡해요. 쉽게 구별하는 방법은 없나요?

버리기 참 어렵죠. 대체 정확한 기준이 뭘까요? 보통 우리가 접하는 음식물 쓰레기는 가축이 먹을 수 있는지, 이런 기준으로 판단하는데요. 음식물 쓰레기 분리배출 및 재활용이 전면 시행되었을 때(2005년 1월) 사료로 쓰인 경우가 많아 자연스럽게 정해진 기준입니다.

먹이로 적합하지 않은 채소 껍질(양파·마늘·옥수수·견과류 등), 파 뿌리, 고추씨, 과일 씨앗, 생선 가시 같은 뼈, 털, 달걀이나 조개 껍데기 등은 일반 쓰레기로 분류되었죠.

그런데 이 기준을 제대로 지킬 수 있을까요? 이대로 따르지 않는다면 어떻게 단속할 수 있을까요? 아파트처럼 한 통에 수거하는 곳은 누구 하나만 잘못 버려도 전부 오염될 위험도 있고요. 이처럼 애매한 기준은 실용적이지 않아요. 또 사료뿐만 아니라 퇴비 등 다양한 쓰임새가 늘어날 텐데 이에 대한 확실한 지침이 필요합니다.

음식물 쓰레기에 섞여 재활용을 방해하는 가장 큰 이물질은 비닐입니다. 비닐봉지는 재활용 과정에서 선별하기 힘들거든요. 걸러지지 않은 비닐이 사료나 퇴비 속에 잔류하거나 폐수에 섞일 수도 있어요. 결국 음식물 쓰레기를 통해 미세플라스틱이 배출될 우려가 있죠.

저는 식사할 때 나오는 음식은 모두 음식물 쓰레기로 배출해야 한다고 봅니다. 현 기준으로 따지기보다는 누가 봐도 음식물이 아닌 걸 버리는 행위를 막아야 돼요. 한 재활용업체 관계자는 실제로 음식물 쓰레기에서 식칼이나 수세미도 나온다며 고충을 토로합니다.

Q 비닐이 문제라고 했는데, 많은 지역에서 비닐로 된 음식물 쓰레기 전용 봉투를 쓰지 않나요?

맞아요. 음식물 쓰레기 배출 수단으로 용기를 사용하는 일부 지역을 제외한 수도권에서는 대부분 종량제봉투(음식물류 폐기물 전용 봉투)를 사용하는데요. 2021년 기준으로 약 3억 8천만 장, 이 중 약 84%가 수도권에서 소비됐습니다. 엄청난 양이죠.

종량제봉투는 수거가 용이해 인구 밀집도가 높은 수도권 지자체가 선호하는데, 바람직하지 않습니다. 일회용 비닐을 쓰지 말자고 하면서 음식물 처리용 비닐을 대놓고 쓰는 건 모순이죠. 음식물 쓰레기에 비닐을 섞지 말라면서 공식적으로 비닐봉지를 사용하게 하는 이런 엉터리 지침은 사라져야 해요. 하루속히 전 지역이 용기 배출 방법으로 바꾸어야 합니다.

91   생분해 비닐로 만든 종량제봉투는 써도 되지 않나요? 요즘 생분해 제품이라며 음식물 쓰레기로 바로 버려도 된다는 광고도 많잖아요.

일단 어떤 방향으로 음식물 쓰레기를 재활용하든 비닐이 생분해되는 조건이 중요합니다. 퇴비를 예로 들어 볼게요. 퇴비는 음식물 쓰레기를 발효시키는 겁니다. 썩히는 거죠. 생분해 비닐이 음식물과 함께 분해되어 퇴비가 된다면 같이 배출해도 되지 않나 생각할 수 있습니다. 그런데 문제가 있어요.

생분해 비닐의 인증 조건이 '섭씨 58℃ 전후에서 6개월 동안 90% 이상 분해되느냐' 하는 건데요. 실제 퇴비화는 2개월 정도 걸립니다. 그러니 생분해 인증 비닐이라도 두 달 내로 분해될지는 불확실하죠.

음식물 쓰레기를 퇴비화한다는 전제하에 생분해 비닐을 같이 버리려면 2개월 이내에 음식물 쓰레기와 같이 분해된다는 인증을 별도로 받아야 하는데요. 아직 우리나라에는 그런 인증이 없습니다.

음식물 쓰레기를 버리면 중량을 측정해 무게 단위로 수수료를 내는 기계가 있잖 아요. 쓰레기를 줄이기 위해 설치한다 는데 정말 효과가 있나요?

음식물 쓰레기 종량제에 쓰이는 방식인데요. 무선인식RFID 음식물 쓰레 기 종량기를 통해 실시간으로 무게를 재고, 해당 정보를 무선으로 전산 관리하는 첨단기술입니다. 이 기기는 바닥에 저울이 있어 쓰레기를 버 리면 바로 무게를 재고 정보를 지자체에 전송합니다. 그 자료를 토대로 쓰레기양에 따라 처리 수수료를 부과하죠.

장점으로는 버릴 때 즉시 무게가 나오니 쓰레기를 줄여야겠다는 직접적 인 자극을 받아 자연스럽게 쓰레기 배출을 줄이는 효과가 있고요. 그 밖 에도 음식물 쓰레기를 누가 얼마나 내놓고 언제 많이 버리는지 정확한 정보를 알 수 있어 재활용 정책을 수립하는 데 근거자료도 됩니다. 완전 히 밀폐된 데다 디자인도 깔끔해 분리배출로 인한 위생이나 미관상 문 제도 개선하고요.

흠이라면 비용이 다소 많이 든다는 건데, 보급량이 증가해 초반에 비해 선 가격이 내려갔으나 아직 모든 지역에 설치하기엔 만만치 않아요. 첨 단 기기라서 유지관리도 부담이 되죠.

기기 속 쓰레기통이 차면 교체하고, 가득 찬 통은 자물쇠로 잠가야 해서 아파트의 경우 경비원의 업무가 증가하는 문제도 있고요. 경비원 수를 점점 줄이는 아파트도 종량제 기기 확대의 걸림돌 중 하나라고 해요.

이런 상황들을 해결하려면 음식물 쓰레기 수수료를 인상해 재원을 마련해야 하니, 음식물 쓰레기를 위생적으로 관리할 수 있다는 장점을 내세워 주민들을 설득할 필요가 있습니다.

93 **홈쇼핑 광고를 보면 음식물 쓰레기 처리기를 필수 가전제품이라면서 홍보해요. 싱크대로 바로 버릴 수 있다니 써보고 싶은데 불법이란 말도 있어 불안합니다. 사도 괜찮을까요?**

주방용 오물분쇄기 혹은 디스포저라고 부르는 이 상품은 「하수도법」에서 인증을 거쳐야 허가를 받는데요. 가장 핵심적인 인증 기준은 쓰레기 중 고형물 기준으로 20% 미만이 하수도로 배출되어야 한다는 겁니다. 즉 쓰레기를 갈아서 버릴 때 건더기의 80%는 거르거나 미생물로 분해하고 나머지 20%만 물과 함께 하수구로 나가야 한다는 거죠. 모두 하수구로 빠져나가면 하수도가 막히거나 하수처리장 오염물질 처리에 부담이 되거든요. 인증을 받은 제품만 설치하고, 조건 그대로 기계가 작동한다면 괜찮습니다.

그런데 제품을 제대로 설치하지 않는 사례가 많아서 문제입니다. 말하자면 불법 디스포저인데요. 건더기를 걸러주는 거름망 장치를 제거하거나 형식적으로만 다는 겁니다. 이렇게 되면 음식물을 갈아서 바로 하수구로 흘려보내는 셈이에요. 하수구가 막혀 역류하거나 하수처리장에 과부하가 걸리면 주민 전체가 피해를 봅니다.

문제는 이렇게 설치해도 단속이 어렵다는 겁니다. 공무원이 일일이 가정 방문으로 검사하기란 불가능하니까요. 사실상 불법 디스포저가 판을 치는 환경이 이미 조성됐다고 봐야죠.

불법 설치를 막으려면 지금이라도 지자체가 감시 시스템을 마련해야 하는데요. 판매된 디스포저가 설치된 장소를 추적하고, 가구별 표본검사를 진행해 불법 여부를 확인할 필요가 있습니다.

자기만 편하자고 주민 모두가 이용하는 하수도 시스템을 망가뜨리면 안 되겠죠. 무조건 장점만 쏟아내며 유혹하는 업체들이 활개치지 못하게 기기가 규정대로 작동하는지 낱낱이 확인해야 합니다.

94 음식물 쓰레기를 건조하는 처리기는 어떤가요?

음식물을 말려 무게를 줄이는 음식물 쓰레기 감량기인데 여러 종류가 있습니다. 보통 건조기와 발효 건조기를 많이 쓰고 크기에 따라 소용량 감량기(가정용)와 대용량 감량기(아파트 단지·대형 음식점)로 나뉩니다.

장점은 수분을 날려 부피를 줄이고 보관 중 발생하는 악취 문제가 적다는 건데요. 악취 방지 설비로 쓰레기 보관 및 처리 과정에서 나는 냄새도 잡을 수 있거든요.

또 다른 장점은 음식물 쓰레기가 나오는 곳에서 바로 건조하거나 발효 부산물로 퇴비를 만든다는 건데요. 특히 도시농업의 퇴비로 순환시킨다는 점이 매력적이죠. 학교에서 아이들과 함께 퇴비를 만들어 텃밭이나 나무에 이용하는 교육 프로그램을 운영할 수도 있으니까요.

부산물의 퇴비화를 위해선 소형보다 대형이 유리합니다. 소형 감량기의 부산물은 가정에서 직접 이용하지 않으면 따로 모으는 시스템이 없거든요.

어쨌거나 중요한 건 감량기에서 건조한 음식물 쓰레기는 현재 종량제봉투 배출이 금지되어 있습니다. 건조해도 여전히 음식물 쓰레기로 분류되기 때문입니다.

95 가정에서 음식물 쓰레기를 처리하는 방법이라면 발효 상자를 이용해서 퇴비로 만드는 방법도 있지 않나요?

맞습니다. 가장 친환경적인 방법은 가정에서 퇴비화하는 건데요. 옥상이나 마당에 텃밭을 가꾼다면 비료로 쓰면 되니 일석이조죠. 그런데 아파트나 원룸에 거주한다면 발효 상자를 놓을 공간도 부족하고, 퇴비를 쓸 곳도 마땅치 않아 도시에선 활성화되기 힘든 상황입니다.

20년 전부터 발효 상자를 이용한 가정 퇴비화 사업이 진행되고는 있지만 뚜렷한 성공 모델이 없어요. 요즘은 도시농업이나 주말농장에 관심이 높아져 여건도 달라졌으니 집에서 나오는 음식물 쓰레기를 도시농업 프로그램과 연계하는 퇴비화를 시도할 만합니다.

96 음식물 쓰레기를 태우면 안 된다는데 법으로 금지되어 있나요?

많은 이들이 잘못 알고 있는 부분인데, 법적으로는 소각이 가능합니다. 지역에 따라 매립도 가능하고요. 「폐기물관리법」에서는 시 이상의 지역에서 음식물 쓰레기 매립만 금지하고 있습니다. 대신 소각이나 여러 재활용 방법 중 하나를 택하게 해요. 실제로 경기도 수원에서는 주택가에서 수거한 음식물 쓰레기를 소각장에서 처리합니다.

농촌 지역은 매립도 가능하죠. 도시지역도 관할 내에 있는 산간 오지나 도서 구역을 환경부 장관이 고시하면 매립할 수 있고요. 군 지역은 인구가 밀집한 읍 지역에서 수거된 음식물 쓰레기를 주로 재활용하고 면 단위에서 나온 쓰레기는 매립하는 곳이 많습니다.

97 음식물 쓰레기 직매립 금지 제도는 왜 생긴 건가요?

1997년 개정된 「폐기물관리법」은 2005년 1월 1일부터 시 단위 이상 지역의 음식물 쓰레기 매립을 금지했습니다. 7년의 유예기간을 두고 음식물이 매립되지 않도록 대책을 세우란 의미였죠. 2023년은 직매립 금지가 시행된 지 18년이 됩니다.

그런데 왜 하필 1997년에 법이 제정됐을까요? 아이러니하게도 1995년 1월 1일 시작된 쓰레기종량제의 여파 때문인데요. 종량제 시행 이후 재활용품이 분리배출되면서 종량제봉투 속 음식물 쓰레기의 비율이 상대적으로 높아졌습니다. 재활용품이 봉투에서 빠져나간 반면 음식물 쓰레기 양은 그대로였으니까요.

그러다 보니 수도권매립지로 반입되는 쓰레기로 인해 악취 및 침출수가 더욱 두드러졌습니다. 봉투 속 재활용품이 가려주던 음식물 쓰레기 문제가 크게 돌출되었죠. 이후 1996년부터 수도권매립지 인근 지역 주민들이 음식물 쓰레기 대책을 강하게 요구한 끝에 1997년 매립 금지 조항을 넣게 되었습니다.

98 소각은 법으로 금지된 방법도 아닌데 왜 다들 하지 않을까요?

수도권매립지 인근 주민들이 음식물 쓰레기 반입을 막은 것처럼 소각장 주변 지역 주민들도 반대했기 때문인데요. 법으로 금지된 건 아니지만 지자체가 소각장에 음식물 쓰레기를 들이지 않겠다고 주민들과 협약을 맺은 곳이 많습니다.

주민들이 반대하는 이유는 악취 외에도 소각장 안전 때문이에요. 음식물 쓰레기 자체의 수분과 염분 때문에 다이옥신 등 오염물질 배출이 증가한다는 우려였죠. 소각시설이 적정하게 잘 운영되면 오염물질 배출이 크게 늘어나진 않습니다.

오히려 종량제봉투에서 음식물 쓰레기가 빠지고 플라스틱 비율이 커지면서 소각로 온도가 설계 기준보다 높아져 가동에 어려움을 겪고 있죠.

1990년대 말 당시 우리나라는 대형 소각시설이 없어 시설에 관한 이해 수준도 낮았으니 주민들의 염려는 당연한 일이었다고 봅니다.

<u>99</u>   음식물 쓰레기는 어떻게 재활용하나요?

크게 세 가지, 사료·퇴비·바이오가스로 재활용합니다. **사료**는 가축 먹이로 재활용하는 방식인데요. 축산농가가 식당에서 나온 음식물을 가져가 끓인 후 급여하거나 시설에서 사료로 만듭니다.

퇴비는 음식물을 썩혀 식물이 흡수할 수 있는 양분으로 만드는 방식입니다. 음식물을 퇴비로 만드는 전통적인 방법을 호기성(好氣性, 공기를 좋아하는 성질) 퇴비화라고 합니다. 톱밥 등을 섞어 공기가 잘 통하게 뒤집어 주면, 공기를 좋아하는 미생물이 음식물 쓰레기를 분해해 물과 이산화탄소로 배출하고, 분해되지 않은 나머지는 그대로 퇴비가 됩니다. 흔히 농촌에서 보는 거름 더미가 바로 호기성 퇴비를 만드는 장면이죠.

미생물은 분해하는 데 많은 시간이 걸립니다. 제대로 숙성해 냄새가 나지 않는 좋은 퇴비가 되려면 2개월 정도가 소요되는데, 도시에서 쏟아지는 음식물 쓰레기를 이렇게 처리하려면 엄청나게 넓은 부지가 필요하겠죠. 그래서 요즘은 대도시에서 배출되는 음식물 쓰레기를 발효 없이 열을 가해 건조한 후 유기질 비료 공장 원료로 공급합니다.

바이오가스는 음식물 쓰레기를 혐기성(嫌氣性, 공기를 싫어하는 성질) 분해하면 나오는 가스입니다. 공기가 많으면 공기를 좋아하는 미생물의 활동이 많아지고, 공기가 없으면 공기를 싫어하는 미생물의 움직임이 활

당신의 분리배출은 틀렸다

발효지니 미생물 세계는 참 오묘하죠? 혐기성 분해가 되면 메탄가스가 만들어지는데 바로 가정에서 사용하는 도시가스입니다.

그 밖에도 음식물 쓰레기를 지렁이 등의 먹이로 처리하는 방법이 있는데요. 중국은 바퀴벌레를 활용한다고 하더군요. 음식물 쓰레기를 먹은 곤충은 사료의 원료로, 곤충의 변은 퇴비로 사용됩니다.

100 음식물 쓰레기로 만든 사료를 동물에게 먹여도 괜찮은가요?

사실 집에서 남는 음식물을 생각하면 과연 먹이로 줘도 되는지 의문이 듭니다. 며칠씩 보관해 이미 썩기 시작한 걸 버리기도 하니까요. 동물복지를 강조하는 분들은 음식물 쓰레기로 만든 사료는 동물 학대라며 적극적으로 반대합니다. 쓰레기를 처리하는 생체 도구란 거죠. 살균도 안 된 음식 쓰레기를 먹이는 개 농장을 보면 타당한 비판이라고 봅니다.

그런데 예전부터 우린 먹고 남은 음식을 가축에게 먹여 키워왔거든요. 이물질이 없는 잔반을 끓여서 준다면 사료로 문제가 없을 거예요. 다만 다수의 가정에서 나오는 음식물이 모이니 염려가 됩니다. 모든 가정이 남은 음식물을 잘 보관하는지 모르니까요.

사료로 만드는 과정에서 음식물 쓰레기에 섞인 수세미나 이쑤시개, 비닐 등 이물질을 골라낼 수 있을지도 의문이고요. 이물질 유무를 꼼꼼히 확인하고 위생을 점검하는 확실한 검증 절차가 필요합니다.

공식 지침은 유효기간이 지나면 약국이나 보건소로 가져가는 건데 실제로는 받아주지 않는 약국이 많습니다. (주변 약국에서 폐의약품을 안 받을 경우 지자체에 문의)

그러니 생산자와 판매자의 의무가 법적으로 명확해져야 합니다. 지금처럼 지자체에만 맡겨놓으면 구멍이 많이 생기죠. 먼저 제약 회사와 약국에 표시 및 고지 의무부터 부여해야 돼요. 소비자가 알 수 있게 약 라벨과 약국 봉투에 남은 약 처리 방법을 기재하는 겁니다. 약사가 직접 알려주기도 하면서요.

그렇게 약국에 모인 폐의약품은 제약 회사가 맡아 소각하고요. 지자체가 모아 처리할 경우 제약 회사가 비용을 부담해야 합니다.

한편 개인이 의약품을 배출할 때 가장 중요한 점은 잘 알려지지 않았는데요. 남은 약은 절대 변기나 싱크대에 버리면 안 됩니다. 하수도로 배출되면 약 성분이 그대로 강과 바다로 흘러가거든요.

약 성분은 하수처리장에서 잘 분해되지 않습니다. 버려진 항생제나 진통제, 항우울제 등이 생태계를 교란한다는 연구 결과는 차고 넘쳐요.

강연할 때 약품을 어떻게 버리는지 물어보면 오싹한 답이 돌아오는데요. 대부분이 물약이나 안약의 내용물은 변기에 버리고 통은 세척해 재활용함에 넣는다며 뿌듯해하더군요. 안타깝지만 오히려 환경을 망치는 일을 저지른 거죠. 잘못된 지식은 이렇게 위험합니다.

사용한 식용유는 사료나 비누로 만들 수 있지만 대부분 바이오디젤의 원료가 됩니다. 바이오디젤은 식물성 기름이나 동물성 지방으로 만든 원료인데 경유를 대체한다고 보면 돼요.

폐식용유 바이오디젤은 폐기물 재활용과 화석연료 대체에너지 생산이란 장점을 모두 잡는 방법인데요. 다만 국내에서 수거되는 식용유 양이 적어 수요를 채우기 위해 수입 팜유를 쓰는 바람에 비판이 많습니다. 숲을 밀어 조성한 농장에서 생산되니 친환경적이지 않거든요. 모든 바이오 원료가 지닌 문제죠.

국내에서 수거되는 폐식용유는 대부분 식당에서 나와요. 수집업체가 치킨집이나 급식소 같은 곳에서 다량으로 버려지는 식용유를 사들여 바이오디젤 생산업체로 넘깁니다.

그럼 가정에서 쓰고 남은 식용유는 어떻게 될까요? 예전엔 아파트 단지에 수거용 드럼통이 있어 재활용업체가 가져갔으나 지금은 사라졌습니다. 폐식용유 통이 없어진 이유는 식용유가 모이는 시간 때문입니다. 한 통을 채우는 데 드는 6개월~1년 동안 산패되어 재활용이 어려워지거든요. 자주 수거하자니 모인 식용유를 판매하는 비용보다 운반비가 더 들고요.

우리가 할 수 있는 일은 주변에 폐식용유를 이용한 만들기 프로그램에 참여하는 겁니다. 이 방법 외엔 안타깝지만 쓰레기로 버릴 수밖에 없어요. 이때 절대로 변기나 싱크대에 버리면 안 됩니다. 하수관이 막힐 위험이 크고, 특히 물티슈 같은 재질과 섞이면 돌처럼 굳어서 통로를 막아버려요. 폐식용유는 종이에 적셔 종량제봉투로 버리는 방법뿐입니다. 그런데 이 방법도 왠지 찝찝하죠. 뭔가 다른 대안이 없을까요?

저는 전국에 촘촘히 구축된 치킨 배달망을 주목합니다. 우리나라처럼 치킨집이 많은 곳이 또 있을까요. 치킨집은 늘 폐식용유가 나오잖아요. 식용유를 모으는 거점으로 안성맞춤입니다. 모은 식용유를 치킨 먹는 날 배달원에게 전달하는 식이죠. 이런 서비스가 생겨 활성화되면 다른 업종의 식당들도 참여할 거고요. 배달 강국의 장점을 십분 살려야 합니다.

103   배달망을 이용한다니 정말 멋진 아이디어예요. 플라스틱에서 시작해 여러 종류의 쓰레기 분리배출 방법을 알아봤는데, 제대로 하려면 알아야 할 것이 참 많네요. 지금까지 배운 내용이 줄줄이 떠올라요. 마지막으로 쓰레기 박사님이 강조하고 싶은 수칙은 무엇인가요.

쓰레기 세계를 구석구석 살펴보는 긴 여행을 했죠. 다시 정리해 볼까요. 소비자가 지켜야 할 가장 기본적인 수칙은, 내용물은 비우고 오염물질은 씻고 이물질은 잘 떼고 버리는 겁니다.

특히 잘 씻어서 버려야 한다는 건 다시 한번 강조하고 싶네요. 기본은 꼭 지켜주세요. 다만, 맹목적인 분리배출 강박증은 재활용에 오히려 독이 됩니다. 분리배출을 무조건 많이 한다고 좋은 게 아니에요. 재활용되는 품목만 정확히 하는 게 중요하죠. 앞서 설명한 품목별로 배출하는 법도 사실 충분하지 않아요. 어떻게 버려야 할지 모호한 것도 많습니다.

앞으로 소비자들에게 분리배출에 대한 정확한 정보를 제공하는 체계와 품목별 특성에 맞는 다양한 수거 체계가 나와야 하는데요. 그러기 위해선 우리가 정부와 생산자에게 적극적으로 요구해야 합니다. 소비자 행동이 바로 순환경제로 이어지니까요.

책을 통해 쓰레기를 어떻게 버릴지 머릿속에 정리되었다면 주변을 둘러보세요. 익숙한 장소가 곧 쓰레기를 줄일 무대입니다. 활동하다가 막힐 땐 꼭 쓰레기 박사를 찾아주시고요.

나오며

쓰레기의 내밀한 세계를 알아보는
여정이 이제 끝났습니다.
갑갑증이 좀 풀리셨나요? 아니면
목마른 입에 바닷물을 부은 꼴이 됐나요?

아마 후자가 될 수도 있을 텐데요.
쓰레기에 대한 기본적인 의문이 풀리고 나면
쓰레기 문제를 어떻게 해결할 수 있을지
더 막막해지거든요.

쓰레기 문제는 알면 알수록 어렵죠?
그럼에도 끝까지 읽어 주신 분들께 하트를 뿅뿅 보냅니다.

쓰레기 문제가 해결된 상태는

완벽한 형태의 순환경제가 구현된 사회일 텐데요.

과연 그런 시대가 올까요?

요즘 기후변화가 진행되는 상황을 보면 불안하지만

우리가 기후변화를 막는 노력을 지속한다면 순환경제에

한 걸음 더 다가갈 수 있을 거예요. 모두가 살기 위해선

자기 자리에서 자원순환 활동을 열심히 해야 합니다.

저는 지금까지 하고 싶은 일을 큰 어려움 없이 해왔습니다.

좋은 사람들과 함께한 덕분이죠.

오랫동안 함께 일했던 자원순환사회연대 식구들

쓰레기 박사 채널을 함께하고 있는 서울환경운동연합 활동가들

쓰레기 대안 모델을 만들기 위해 현장에서 실천하고 있는 활동가들

책을 기획하고 예쁘게 만들어주신 슬로비 대표님

제가 엇나가지 않게 옆에서 꾸짖으면서

같이 밥을 나누는 쓰레기 친구들

모두 감사해요.

제가 서울에서 아주 큰일을 하는 줄 알고 계신 고향의 부모님

언제나 나를 이해해 주는 사랑하는 아내 김지영

우리 부부의 선물 나의 붕어빵 홍주미와 홍상우

모두 사랑합니다.

제로 웨이스트를 위해
알아두어야 할 정보

커뮤니티

플라스틱 프리 플랫폼 '피프리미' pfree.me
플라스틱 프리 활동가가 운영하는 쓰레기 덕후들의 놀이터.
전국의 제로 웨이스트 관련 장소를 표시한 '플라스틱 프리 방방곡곡
대동여지도 (플라스틱없을지도·플라스틱없다방·세제소분샵)' 및 행사와 자료,
혼자 또는 함께 하는 활동과 일상 실천법을 망라하고 있다.

리필스테이션 '알맹상점' instagram.com/almangmarket
'알맹@망원시장' 프로젝트로 뭉친 쓰레기 덕후 셋이 만든 포장재 없는 매장.
친환경 벌크 상품을 판매하고 재활용품을 모으며 플라스틱 프리 워크숍과
자원순환 교육을 한다.

플라스틱 방앗간 ppseoul.com/mill
플라스틱 재활용 작업 공간.
캠페인(참새클럽)을 통해 재활용이 어려운 작은 플라스틱을 모아
업사이클링 제품을 만들어 시민들과 나눈다.

프레셔스 플라스틱 preciousplastic.com
오픈 소스로 공개된 도면을 활용하여 플라스틱 가공 기계를 제작해
누구나 쉽게 폐플라스틱의 업사이클링에 참여할 수 있는 글로벌 커뮤니티.

재료 및 플라스틱 업사이클링 제품을 거래하거나 노하우를 나눈다.

서울환경운동연합 블로그 blog.naver.com/seoulkfem
제로 웨이스트를 위해 함께 할 수 있는 활동을 소개하고 캠페인, 교육을
진행하는 비영리시민단체.

제로 웨이스트 홈 cafe.naver.com/zerowastehome
제로 웨이스트를 고민하고 실천하는 사람들이 관련 정보를 공유하는
쓰레기덕질 카페.

제로웨이스트홈 블로그 zerowastehome.com
쓰레기 없는 삶을 실천해 온 비 존슨이 운영하는 블로그.
전 세계 쓰레기 제로 매장 지도 정보도 있다.

로렌 싱어의 블로그 trashisfortossers.com
'3년간 만든 쓰레기가 작은 유리병 하나에 다 들어갈 정도로 줄인 사람'으로
유명한 로렌 싱어가 운영하는 제로 웨이스트 블로그. 제로 웨이스트 실천
방법뿐만 아니라 직접 운영하는 패키지프리숍 정보도 있다.

가이아 no-burn.org
전 세계 소각장 반대 및 제로 웨이스트를 위해 활동하는 민간단체들 연합.
전 세계 제로 웨이스트 관련 정보를 얻을 수 있다.

제로 웨이스트 유럽 zerowasteeurope.eu
유럽 내 제로 웨이스트 활동을 하는 단체들의 연합.
EU 제로 웨이스트 정책 동향 및 사례 등에 대해 깊이 있는 정보를 찾을 수 있다.

라이프 위드아웃 플라스틱 lifewithoutplastic.com
플라스틱 대안 운동을 하는 단체.
플라스틱 대체품을 살 수 있는 온라인 쇼핑몰도 운영한다.

자원순환 정보·교육 가이드

도와줘요 쓰레기박사! youtube.com/seoulkfem

자원순환사회경제연구소 blog.naver.com/waterheat

자원순환학교 zerowaste.or.kr

– 순환도전마당(매년 실시하는 청소년 자원순환 챌린지 사업 정보)

자원순환보증금관리센터 cosmo.or.kr

한국순환자원유통지원센터 kora.or.kr

한국전자제품자원순환공제조합 k-erc.or.kr

(사)한국전지재활용협회 kbra.net

(사)한국조명재활용사업공제조합 klrc.or.kr

자원순환 관련 협회

(사)한국폐기물협회 (사)한국프린터&카트리지 재제조협회

(사)한국건설자원협회 (사)한국목재재활용협회

국립환경과학원 수은정보시스템 ncis.nier.go.kr/mercury

자원순환정보시스템 환경통계정보 recycling-info.or.kr

서울특별시 자원회수시설 rrf.seoul.go.kr

수도권매립지관리공사 slc.or.kr

엘렌 맥아서 재단 ellenmacarthurfoundation.org

전 세계 순환 경제 및 플라스틱 순환 경제 캠페인을 주도하고 있는 민간단체.
매년 관련 보고서와 정보를 발표한다.

업사이클 센터(각 지자체 운영)

서울새활용플라자·한국업사이클센터·인천업사이클에코센터

경기도업사이클플라자·광명업사이클아트센터·청주새활용시민센터

순천업사이클센터 더새롬·전주시 새활용센터 다시봄 (개관 예정)

재사용 공간

- 의류 및 생활용품
  아름다운가게·구세군희망나누미·굿윌스토어·행복한나눔·녹색가게

- 공유 텀블러
  보틀팩토리 ⃝ @bottle_factor: 일회용품 없는 카페로 행사 시
  텀블러 대여 및 세척 서비스 제공
  달냥 ⃝ @dalyang_vegancafe: 테이크아웃 컵으로 텀블러 사용하는 채식 카페
  통블러 ⃝ @tongbler_official: 텀블러를 기부받아 축제 때 공유 텀블러로 사용

- 장난감
  : 장난감을 기부받고 대여하며 수리도 해주는 **서울시 녹색장난감도서관**
  *홈페이지에 각 자치구 소재 장난감 도서관 지도 있음

- 책
  : 기증받은 책을 필요한 곳에 전달하는 국립중앙도서관 **책다 모아**

- 정장
  : 취업 준비생에게 정장을 대여하는 **열린 옷장**

- 안경
  : 안경을 기부받아 아시아·아프리카 사람들에게 전달하는 **안아주세요**

- 중고 가전
  : 중고 가전을 기부받아 홈리스 자활을 위해 사용하는 **빅이슈**

- 자전거
  : 자전거 리사이클링 수업, 렌탈, 자전거 정책 활동을 통해 재사용 문화를 만드는
  약속의 자전거

그건 쓰레기가 아니라고요
플라스틱부터 음식물까지 한국형 분리배출 안내서

2020년 9월 28일 1판 1쇄 펴냄
2023년 5월 2일 1판 8쇄 펴냄

지은이　　홍수열
펴낸이　　이미경

기획 편집　숙자
모니터링　서울환경운동연합 미디어홍보팀·손지은
일러스트　손지은
디자인　　류지혜
사진　　　2~6쪽: 플라스틱 방앗간·알맹상점
　　　　　　3쪽: © PLAY31 inc. 2020 All rights reserved.
제작　　　올인피앤비

펴낸곳　　도서출판 슬로비
　　　　　　등록 제2013-000148호
　　　　　　전화 070-4413-3037 팩스 0303-3447-3037
　　　　　　이메일 slobbiebook@naver.com
　　　　　　블로그 blog.naver.com/slobbiebook

ISBN　　　979-11-87135-15-9 (03330)

이 도서의 국립중앙도서관 출판예정도서목록(CIP)은 서지정보유통지원시스템 홈페이지
(http://seoji.nl.go.kr)와 국가자료종합목록 구축시스템(http://kolis-net.nl.go.kr)에서
이용하실 수 있습니다. (CIP제어번호 : CIP2020039024)